ひとり ディズニー 50の楽しみ方

50 Ways to Enjoy a Solo Disney Trip.

みっこ

sanctuary books

自由気ままに
大好きな場所へ

東京ディズニーリゾートで過ごした日は
「あのアトラクションにも乗りたかったな」
「あのショーも観たかったな」……
そんなことを思いながら、
帰路につくのではないでしょうか？

楽しかった思い出と、次回への期待感。
翌日には、「また行きたいな～」
と心踊らせているかもしれません。

もしも、パークでやりたかったことが、
すべてできるなら。

誰にも気を使うことなく、自分が見たいもの、
やりたいことを1から10まで体験することができる。
それが「ひとりディズニー」の魅力です。

家族や友達、恋人と行くディズニーはもちろん楽しくて、
かけがえのない思い出。
でも、ひとりだからこそ気がつく、
新しいパークの一面がきっとあります。

ひょっとしたら、
新しい〝好き〟が見つかるかもしれません。

気の向くままに、好きなことを、好きなだけ……。
今までとは一味違う楽しさを、ぜひ体験してみてください。

さぁ、自分だけの
東京ディズニーリゾートの楽しみ方を
探しにいきましょう。

はじめに

「夢」と「魔法」、そして「冒険」や「イマジネーション」の世界で、私たちに非日常的な時間を与えてくれる東京ディズニーリゾート。

16年前、私はそんなディズニーリゾートの魅力に取りつかれてしまいました。

最初は家族と、仲間と、恋人と一緒に行っていました。もちろん今でもそうした大切な人と一緒に行くこともあります。そして大切な人たちと行くと、「絆」や「信頼」「一緒に過ごす大切な思い出」がさらに深くなっていくという素敵な時間にも巡り合えました。

ただ、それはディズニーリゾート「で」体験する時間であって、ディズニーリゾート「を」じっくり楽しむのとはちょっと違った時間です。

思い起こせば、私がディズニーリゾートの魅力にハマった最初のきっかけは、キャラクターやショー、アトラクションなどではなく、なんとトラッシュカン（ゴミ箱）。

家族と行った何げない瞬間に見つけましたが、場所によって、デザインやカラーがすべて異なり、「ここまでこだわっているんだ……！」という感動からでした。

それからは小さなこだわりを探したり、調べたりすることがとても楽しくなりました。大切な人と行く楽しさとはまったく違う、「自分ひとりでじっくり楽しむパーク」が好きになり、雑学や裏話を綴ったブログも始めました。

そしてひとりでパークに通うようになって約16年、いろいろ知ってくると、ひとりでじっくり楽しむ時間とともに、大切な人と行くときの楽しみもさらに広がり、「いろいろな形で楽しめるディズニーリゾートの魅力」を知ることができたのです。


これまで仲間や大切な人とディズニーリゾートに行ったことはあっても、なかなかおひとりさまの経験はない方が多いと思います。しかし、思い切って一歩踏み出してみると、そこにはまったく別のパークの魅力が広がっているのです。

ディズニーリゾートは数あるエンターテイメントやレジャーのなかでも、恋人や家族、仲間と行くイメージが強く、「ひとりで行くこと」の発想があまりない場所ではないでしょうか。よくあるアンケートなどでは、おひとりさまでチャレンジすることの難易度がかなり高いとされています。

実際、ひとりカラオケやひとり焼き肉などが流行るなか、どうしてもディズニーリゾートにひとりで行くということは世間一般的に見て、ハードルが高いように思います。

しかし、そこに「大きな誤解」があります。

実は本当にディズニーリゾート「を」心から楽しめるのは「ひとりディズニー」なのです。

「ひとりでディズニー」これだけ聞くと、「まわりから好奇の目で見られそう」「さすがにひとりはハードルが高い……」など、直感的にそう感じる方が多いと思います。しかし、他人の意見を気にせず、すべて自由に好きなことを好きなだけ好きなタイミングで楽しめるというのは、ディズニーリゾートを本当に深く楽しむうえでは、「いちばん効率的で効果的な方法」なのです。

本書では、ひとりディズニーならではの魅力や、ひとりだからこそじっくり楽しめるパークの過ごし方、トリビアや隠れたパークの物語などをこれまでの経験を交えてじっくりご紹介しています。

今までディズニーリゾートについて本を執筆してきましたが、ひとりディズニーがもっと当たり前になり、より多くの方にもっと深くディズニーリゾートの世界が広まればと思い、今回初めて「ひとりディズニー」に焦点を当てて、筆を取らせていただきました。

この本を読んでいただいたあと、これまでとはディズニーリゾートの楽しみ方が大きく変わり、より深く、より楽しく、そしてその世界をさらに堪能していただくことができれば幸いです。

……「夢」と「魔法」、そして「冒険」や「イマジネーション」の世界を「ひとりじめ」する感動と感激をぜひ味わってみてください。

※本書は筆者の独自調査、及び現地で確認・検証したものの他、個人的考察も含まれます。（株）オリエンタルランド並びに東京ディズニーリゾートの公式見解ではありませんので予めご了承ください。

※本書の内容は、２０２１年５月１日現在までの情報で構成されています。

50 Ways to Enjoy a Solo Disney Trip.

CONTENTS

目次

CHAPTER 1

ひとりディズニーがおすすめな理由

CONTENTS

CHAPTER 3

よりディープな1日を

CONTENTS

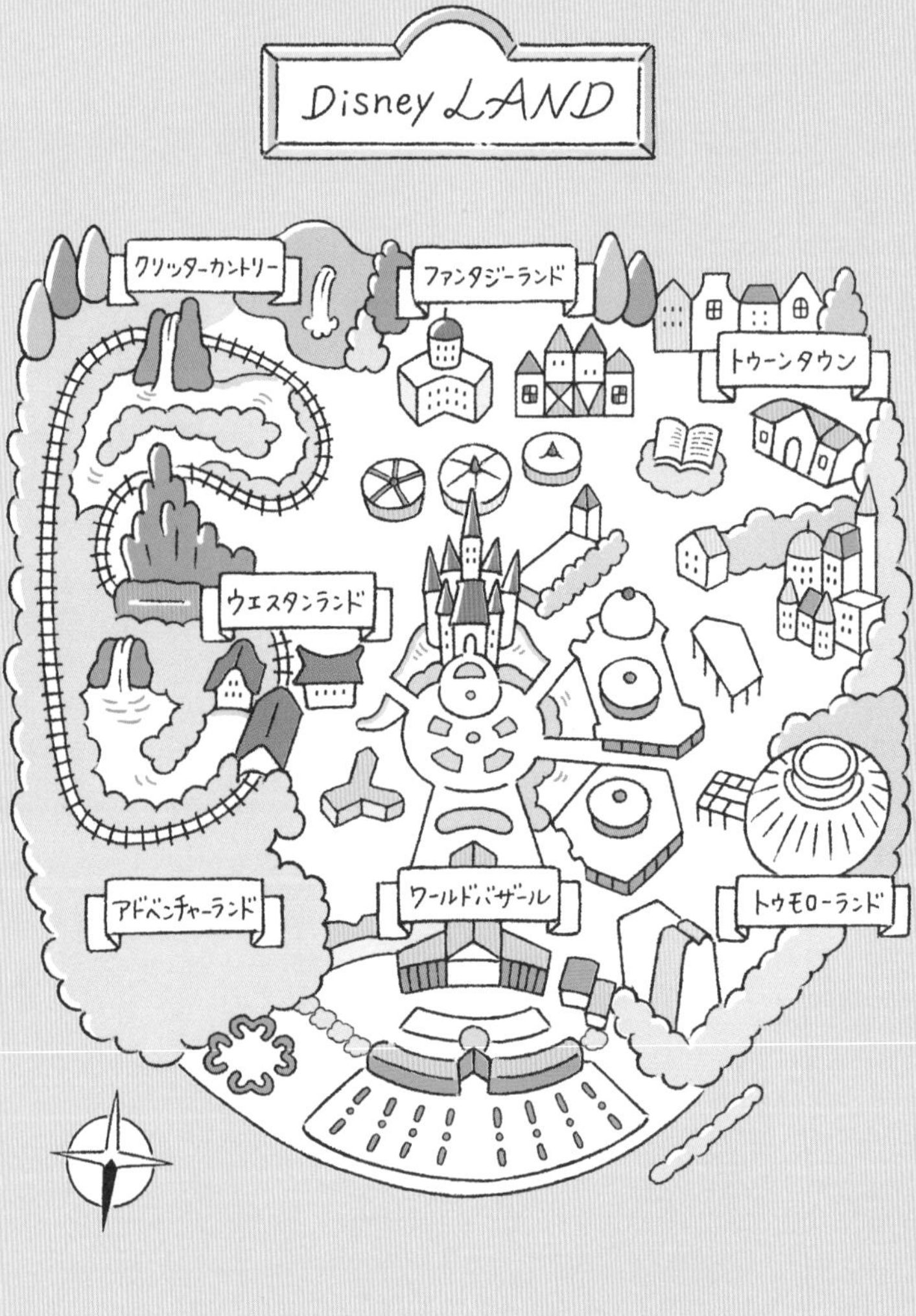

Disney LAND
クリッターカントリー
ファンタジーランド
トゥーンタウン
ウエスタンランド
アドベンチャーランド
ワールドバザール
トゥモローランド

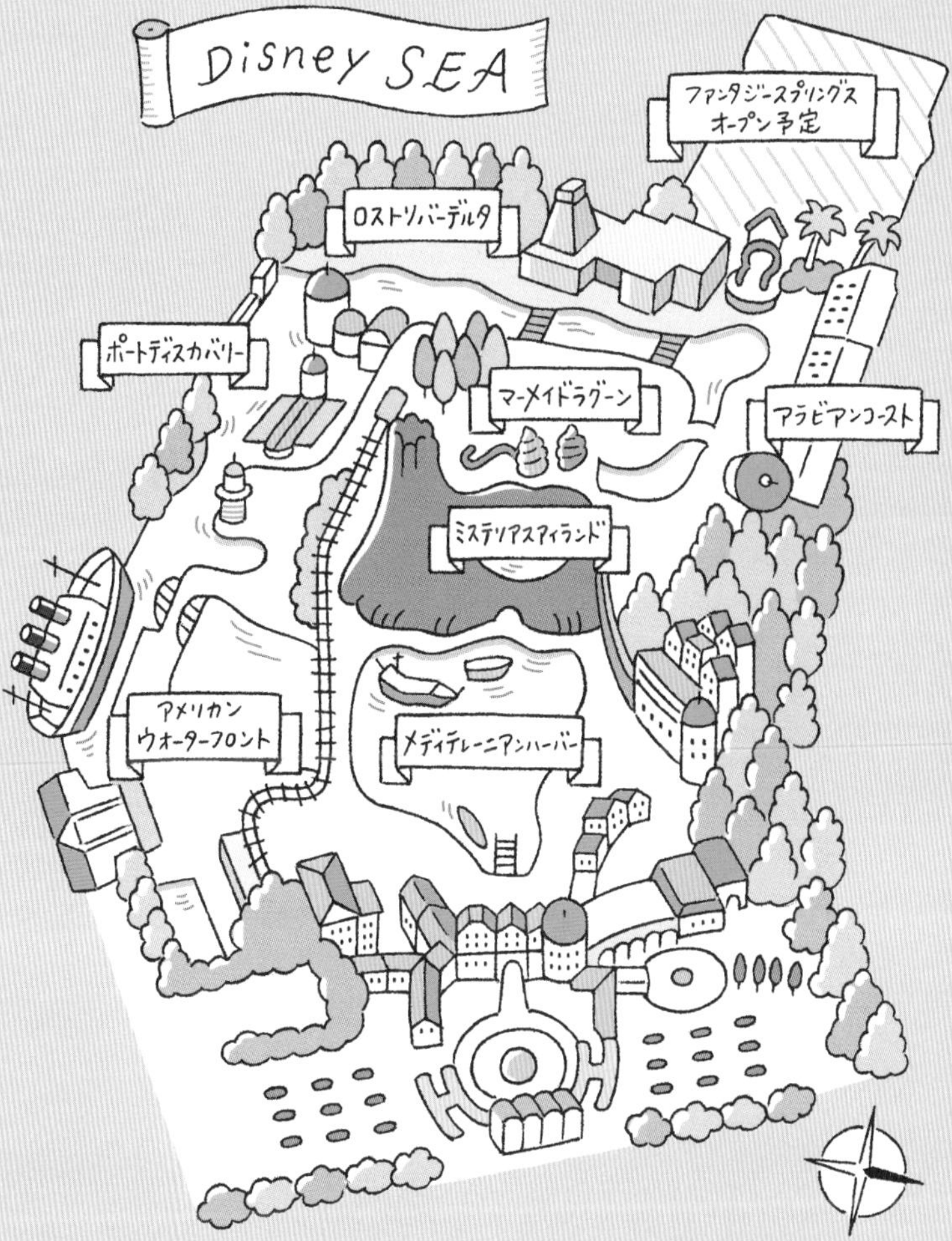
Disney SEA
ファンタジースプリングス
オープン予定
ロストリバーデルタ
ポートディスカバリー
マーメイドラグーン
アラビアンコースト
ミステリアスアイランド
アメリカン
ウォーターフロント
メディテレーニアンハーバー

50 Ways to Enjoy a Solo
Disney Trip.

CHAPTER
1
ひとりディズニーがおすすめな理由

point 1

ひとりディズニーがおすすめな理由

「ひとりディズニー」がおすすめな理由。それは一言でいうならば、**「何もかもがすべて自分の思い通り」であること**。まわりを気にせず、自分の好きなように行動することができるからです。もちろん、予定の急な変更・追加をしても、誰にもいっさい迷惑はかかりません。

「ひとりディズニー」の最大のメリットがこれ。

いつも家族や友達、恋人と行っていた

ディズニーリゾートですが、ちょっと物足りなかったり、思うように動けなかったり、やりたいことができなかった経験がある方も多いはず。

その簡単な解決方法が、シンプルに「ひとりで行くこと」なのです。

他の人にいっさい気を使わなくていいというのは、ものすごくシンプルですが、最大のメリット。行きたいところ、見たいもの、食べたいもの、食事や休憩時間、行く時刻や帰る時刻……。そうです。それらが**すべてあなたの思い通りに、自由に決められるのです**。

もちろんみんなで行っても楽しいディズニーリゾート。しかし、100%自分の考え方でパークを隅から隅まで好きなだけ楽しむことができるといわれると、挑戦してみたくなりませんか？

ただし、ここで気をつけてほしいことがあります。このひとりディズニー、**一度やってしまうと、もうもとに戻れなくなるかもしれません**のでご注意を……。

D
memo

ひとりディズニーの強みは「フットワークの軽さ」。ショーやパレード、アトラクションを終えたあと、すぐに効率的に動けば、ファストパスやスタンバイパスの集中による混雑が避けられます。

point 2

自分を完全に解き放てるひとりディズニー

楽しいディズニーリゾートですが、難しいのは、いろいろと細かく予定を立てたとしても、待ち時間や食事の時間、アトラクションの待ち時間などによって、予定がまったく変わってしまうこと。

特にあまり慣れていない方ほど、逆に細かく朝から晩までみっちりスケジュールを組む傾向があると思います。しかし、現実的に、こうしたスケジュールは最初の2〜3個が終わったあと、時間がずれてきて、まったく使えなくなってしまうということが多くあります。

その大きな要因がここにあります。……それは「ひとりではない」から。

特に家族やグループで行く場合たくさんの要望が出てきます。そして、そのなかの「誰か」がメインとなってスケジュールを組むことになると思いますが、失敗をしてしまったとき、善意だったとしても、結局その人が責められることが多いですよね。そんな苦い思い出はずっと残るもの……。

ひとりディズニーのメリットはこの点でもあります。いうまでもなくひとりですから、失敗しようが間違えようが、急にやめたり、思い立ったり……といった行動も自由にできて、誰かに怒られることもないのです。また失敗したとしても、ひとりなので、そのリカバリーも容易にできます。

意外に気がつかないメリットなのですが、**ひとりディズニーのいいところは「楽しいこと」ばかりではなく、このように「失敗してもまったく気にしなくていいこと」**なのです。これって、実はかなり大きなメリットでもあるのです。

D memo

効率的な動きをするためのポイントとしては、「2つ先の予定を考えて動くこと」。あまり多くの予定を詰め込まず、現実的に可能な直近の予定を考えて動くことが大切です。

point 3

おひとりさまは珍しいことではない

いろいろといってはみても、やはりちょっと抵抗のある「ひとりディズニー」。いざパークに行ってみると、ひょっとして浮いてしまうのではないか？　まわりから、「ねえ、あの人ひとりで来ているよ（笑）」という、好奇の目で見られてしまうのではないか？　……など、やはりハードルが高いように感じてしまいます。

確かに、一昔、いや二昔前であれば、そうした風潮はあったかもしれません。しかし、いざ現在のパークに行ってみればわかりますが、**ひとりディズニーをしている方は、一般的に思われているよりはるかに多い**のです。

一般的にディズニーリゾートに来る人のイメージとしては、若い女性グループで、パークを賑やかに楽しんでいる様子が浮かぶかもしれません。実際に「ディズニー好き＝女子」の比率が非常に高いのも事実です。

また、「ディズニー好き」といえば、ミッキーマウスをはじめとするキャラクター、そしてショーやパレード、かわいらしいグッズなどがお目当て……というイメージが大きいのも事実だと思います。

しかし、実際は、年齢性別を問わず、かなり幅の広いファンがひとりで好き好きに楽しんでいるのです。

また、パークでひとりディズニーを楽しむ方は、実は男性も非常に多いのです。ショーやパレードを楽しむ方もいれば、キャラクターグリーティングを楽しむ方、風景を撮影したり、アトラクションに乗る方……など、みなさんが想像している以上に多くいらっしゃいます。

小さなお話ではありますが、男性だとトイレの待ち時間も少なくて済む、遅い時間でも気軽に日帰り温泉施設や、カプセルホテルなどを利用しやすいという特徴もあります。

では、なぜそんなに多くのおひとりさまがいるのに、その傾向が世の中に認知されず、いつまでもひとりディズニーのハードルが高く感じられるのでしょうか？

それはまず、ひとりディズニーを楽しむ方々は、声を上げて騒ぐことや、目立つ行動をすることが少ないので表面上は目立たず、少数派のように見えるのです。また、世の中に認知されていなくても何も困りません。そうした方々は、ただ**自分の好きなものを好きなだけじっくり静かに楽しんでいるから目立つ必要がないのです**。

「ディズニーで楽しむ」というと、大勢で明るく元気に！……というイメージがありますが、おひとりさまは、ただ単に「目立たない」というだけで、潜在的にパークにたくさんいるのです。これは、**「パークがそれだけじっくり堪能できる場所であるという証拠」**でもあるのです。

それでも、もし「ちょっとまだひとりディズニーはハードルが高いな……」と感じる方は、パークに行ったときに、まわりをよく見てみてください。

特に人気のショーやパレードなどが行われているとき、または人気のキャラクターグリーティングが行われているとき、まわりを見ると、「おひとりさま」はみなさんが想像しているよりはるかに多いことに気がつくはずです。

まだひとりで行くのに抵抗がある方は、まず下見もかねて、友達や仲間と行って、おひとりさまの行動を観察してみるのもいいかもしれません。

D
memo

「おひとりさま」に慣れないうちはどうしても他人の視線が気になるもの。しかし、逆に自分がパークに行ったとき、他のゲストをどれくらい見ているか想像してみてください。……そうなのです。まわりの人は意外とあなたを見ていませんので、まったく気にする必要はありません。

point 4

いつがいい？「デビュー日」を決めるドキドキ感

せっかくひとりディズニーをするならば、やはり快適に過ごせる時期に行きたいもの。ではひとりディズニーをするにはどの時期が最適なのでしょうか。

この質問にとてもシンプルに回答するなら、「すべての季節」。答えになっていないのでは？　と思うかもしれませんが、**1年間に少なくとも4回、「四季」ごとに訪れるのが、パークをじっくり楽しむ方法です**。四季に応じてそれぞれの魅力があるディズニーリゾート。もちろん真夏の暑い時期や、真冬の寒い時期はそれなりにつらいときも多くあります。しかし、その季節だからこその楽しさもあります。そのため、結果的にはひとりディズニーデビューは「どのシーズンでもいい」と思います。

ただ、そうはいっても、季節ごとの特徴がありますので、ご紹介します。

《1月》

お正月の三が日は入園制限手前の混雑。学校や会社の休みが明けるまでは平日も週末並みに混雑します。逆に中旬から下旬の平日は「1年でいちばんパークが空く時期」。ただし、アトラクションや施設の改修も増えるので注意。

《2月》

週末でもあまり混まない時期ですが、学生が増えはじめます。近隣県の受験日には要注意で、学校が休みになると平日にもかかわらず集中的に混雑する日も。中国の春節（正月休み）の時期も集中的に混む日があるので注意が必要です。中旬以降からは平日のほうが混みはじめ、週末のほうが空いている日も出てきます。

《3月》

学生が一気に増え、平日のほうが混雑する時期。学生が多いので逆に高めのレストランは穴場になります。絶叫系のアトラクションにゲストが集中し、「1年でいちばん混雑する時期」です。最終週は平日でも入園制限クラスの混雑に。のんびりするのであればこの時期は避けたほうが無難です。

《4月》

春休み中の上旬は平日でも混雑。遠足などの行事での来園が増える季節ですが、「プチ閑散期」と呼ばれる時期でもあり、中旬以降の平日はかなり空くのでこの時期はおすすめ。ただ、年によってはランドのグランドオープン（4月15日）前後に周年イベントがスタートするので要注意。

《5月》

GWの「中日」は入園制限クラスの混雑に。連休に行く場合は、初日または最終日が比較的空く傾向があります。修学旅行シーズンで、平日は学生が多く、アトラクション系が混雑しますが、ショーやパレードは空いています。ランドのほうが、シーに比べて混雑し、夜は空く傾向も。気温としては快適なのでおすすめの時期。

《6月》

混雑することもなく、空くこともない平均的な時期。梅雨で天気が安定しないことも多いですが、来園者数の変動がほとんどない月。天気さえ問題なければおすすめの時期。

《7月》

七夕イベントは混雑にはほぼ影響なし。上旬から夏イベントが開始となることが多いですが、実はイベント場所以外はかなり空いている時期で、夏イベントを体験するにはおすすめの時期。

《8月》

夏休みが本格化し、曜日関係なく混雑する時期。入園制限クラスの大混雑にはならないですが、毎日土曜日のような混雑が続くイメージ。夏休みらしく、夜になってもあまりゲストが少なくならない傾向があります。暑さが厳しい時期なので、ショー待ちなどで交代できないおひとりさまは要注意。体調と天候を見て行動を判断しましょう。

《9月》

夏休みの混雑が残り、ハロウィーンイベントが開始するとさらに混雑が加速。運動会や文化祭の振替による月曜日の混雑が始まります。平日休日ともに混雑し、のんびりするなら連休はできれば避けたいところ。

《10月》

曜日を問わず混雑し、平日と休日の差がほとんどない状況に。週末は入園制限クラスの混雑必至で、できれば避けたいところ。

《11月》

月曜日の振替混雑がまだまだ続く月。週末は入園制限の可能性が高いので要注意。上旬から始まるクリスマスイベント初日前後や、直後の週末は混雑しますが、実は上旬から中旬にかけての平日は空いているのでここもおすすめ。

《12月》

クリスマスで大混雑の印象が強いかもしれないですが、平日は比較的空いている時期。ただ、週末は入園制限の可能性が高いので要注意。実はクリスマスイブやクリスマス当日はそれほど混雑しません。イルミネーションが美しい時期で、それが目当ての方も多いので夜でもゲストはあまり減りません。ただ、12月後半はカップル率が上がるのでおひとりさまには強いメンタルも必要!?

また、季節に関係なく、週末にパークに行く場合、翌日のことを考えて土曜日に行く方が多いですが、実は「土曜日より日曜日」のほうがおすすめ。その理由はシンプルに、「混雑度が違う」からです。土曜日の混雑を仮に100％とすると、日曜日は60～70％くらいの混雑度（筆者調べ）です。週末に行くことが多い方は参考にしてみてください。

これらのことを考慮すると、**日帰りで週末に行くならば「土曜日より日曜日がねらいめ」**ということになります（あくまで一般的な傾向ですのでご了承ください）。なお、その他の平日でいうと、学校の季節ごとの行事で振替休日が多い月曜日と、金曜日の午後が平日では混みやすい傾向にあります。

また、ひとりディズニーデビューをする際に、気をつけてほしい日が他にもあります。それは、キャラクターのスクリーンデビュー日（誕生日）。

あえてお祝いの日にデビューをするのもありですが、特に人気キャラクターのスクリーンデビュー日は、グリーティング施設などが大混雑するので、体験したかったのにできなかった……なんてことも起こりかねません。

人気キャラクターのスクリーンデビュー日

・デイジーダック……1月9日

・チップとデール……4月2日
・グーフィー……5月25日
・ドナルドダック……6月9日
・プルート……9月5日
・ミッキーマウス、ミニーマウス……11月18日

このあたりも参考に、ひとりディズニーデビュー日を決めてみてくださいね。

(混雑状況などは、感染予防対策などで入園者数が制限されていないときのデータです)

D memo

混雑するシーズンや土日にしかパークに行けないけれど、のんびりと過ごしたい方は他のゲストと時間をずらして行動するのがおすすめ。早めにランチをしたり、夜は日帰り温泉に寄って渋滞や電車の混雑を回避するのもおすすめです。

point 5

思いもよらぬ情報も？最新情報はキャストを頼る

いざひとりディズニーに行こうと思っても、なんとなく不安は残りますよね。

確かに自由に動けますが、何か困ったことがあってもすべて自分でなんとかしなければなりません。そんなとき、**基本中の基本ではありますが、やはりパークで頼れるのはキャスト**。

パーク内にはさまざまな役割のキャストがいますが、どのキャストも高いホ

スピタリティを持ってゲストに対応してくれます。**近年では「ひとりディズニー」の認知度は高まっており、キャストもおひとりさまへの対応も考慮してくれています。**

たとえばひとりでショーやパレードを待っているときに行きにくい、トイレや食事などの買い物。基本的にはショーやパレード待ちでは、ひとりは残らないといけないので、近くの方にお願いするのもひとつの手段ですが、そんなときはキャストに遠慮なく声をかけてみましょう。

また、何度もパークに来て同じ目的で楽しむ場合は、その担当のキャストと顔見知りになっておくと助かることも。もちろんキャストは、すべてのゲストに平等に接してくれますが、場合によってはおもしろい情報を教えてくれることも……？

過度な接触はまわりのゲストにもキャストにも迷惑をかけてしまうので控える必要がありますが、適度にお話ししてみると、今まで以上にパークを楽しめるかもしれません。

D
memo

困ったときに話しかけやすいキャストは、ショーやパレードを取り仕切るゲストコントロールキャストと、パークのお掃除をしているカストーディアルです。特にゲストと触れ合う機会が多いキャストなので、きっと手助けをしてくれます。

point 6

おひとりさま同士ならではの出会い

「ひとりディズニーのメリット」といっているのに、「おひとりさま同士ならではの出会い」というタイトルから始まりましたが、それって矛盾しているのでは……？と思われるかもしれません。確かにその通りだと思います。

しかし、ここでいう「出会い」とは、**ただ単に友達ができるということではなく、「自分の趣味趣向に非常に近い知り合いができる」ということ**です。自分の「好き」や「感動」を一緒に分かち合える友達や知り合いができたらパークの楽しみも広がります。それができるのもおひとりさまの魅力でもあるのです。

たとえば、ショーやパレードのときに、特定のポジションに早い時間から座っている方は、お目当てのキャラクターやダンサーなど、明確な目的があることがほとんどです。まさにこれは、自分の好みやお目当てと**同じ「好き」の方たちと仲良くなるこ**

とができる最大のチャンスでもあるのです。

ただ、これも突然「お友達になってください！」と声をかけるわけではなく、たとえば、トイレや食事の買い物など、その場を短い時間離れる必要がある場合に、隣や前後にいる、同じおひとりさまの方に「ちょっと出掛けたいので……」と話をすると、きっかけは非常につくりやすいのです。

また、同じエリアで同じキャラクターなどに興味がある場合、身につけているぬいぐるみやバッグ、レジャーシート、カメラキャップやベルトなどのグッズを見ると、そうした「好き」に関した話題についても触れやすいです。

買い物などから戻ってきたとき、お礼をいうついでに、その人の持ち物をほめたり、どこで買ったのか聞いたり、「〇〇のイベントのやつですよね！」などと声をかけたりすると自然に話がはずみやすい状況になります。

パークで友達をつくる……。仲間や家族、恋人とパークに行った場合、そこで新たなディズニー友達をつくるということは、ありえないといってもよいですよね。そんななか、ひとりディズニーでパークに行けば、そうした同じ趣味を持った方と友達になれる機会は非常に多いのです。

また、事前にツイッターやインスタグラムで気になる方などをフォローしておいて、普段からやりとりがあれば、パークに行く予定を合わせることができるなど、「おひとりさまだけど、おひとりさまじゃないディズニー」を楽しむことができるのです。

また、意外なおひとりさま仲間のメリットとしては、「レストランの予約に誘ったり、誘ってもらったりしやすい」ということ。たとえばどうしても行きたいレストランを予約したい場合や、予定が変わって人数の枠が余った、または足りなくなってしまった……という場合。最小単位であるひとりだと、そうしたお誘いをしたり、してもらえたりする機会が増えるのです。

ただ、**「おひとりさま仲間」をつくるときに気をつけたいのは、相手も「おひとりさまの時間を大切にしたいと考えている」**こと。自分がひとりで楽しみたいと思っているのと同じように、相手の時間や気持ちの負担にならないように気をつけたいところです。

そんなときは、そうしたおひとりさま仲間ができたとしても、お互いに遠慮なく「自分のやりたいこと」や次の予定の時間などを伝え、待ち合わせは現地で、だいたい何時頃までに何々をしたい……としっかり伝えておき、お互い無理のない範囲で楽しめるようにしておくのが大切です。

本書でご紹介しているひとりディズニーは、友達をつくることを大きな目的としてはいませんが、こうしたパーク仲間が増えることによって、有効な情報が得られたり、パークの過ごし方がお互いよくわかっている友達ができる可能性も必然的に高くなります。

まずはひとりディズニーに慣れていないと、なかなか上手くいかないこともありますが、慣れてきたら、そんな新しい楽しみ方に目を向けてみるのはいかがでしょうか。

D memo

親しいパーク仲間ができれば、たとえば突発的なキャラクターグリーティングの情報や、アトラクションがシステム調整で停止していること、そして復帰のタイミングなどを静かに連絡し合えるメリットもあります。

point 7

パークの「外」での意外なメリット

ひとりディズニーの魅力はたくさんありますが、意外にも、「パークの外」で、とっても助かる大きなメリットがあるのです。

それは「お土産が必要ない」ということ。通常であれば、ディズニーランドやシーに行くことが決まれば、知り合いや友達になんとなく伝わってしまいますよね。

そして、パークに行くことを知られてしまった結果、友達や会社などにお土産を「買っていかないとなんとなく居心地が悪いかも……」と思ったり、また、「ディズニーに行ったのにお土産買ってくれなかったの？（笑）」と、半分本気の冗談をいわれるかもしれません。

ひとりディズニーのメリットはここ。誰にもいわず、**ひとりで静かに行くディズニーは、そんな気を使って、お金を使って、時間を使って買っていかなければならない「嫌々**

なお土産」を買う必要がないのです。

これまでにお伝えした通り、ひとりディズニーはなんら特別なものではありません。すでに何度も行かれている方からすれば、お休みの日に「ひとりで買い物に出掛けるくらい」の感覚。そんなお買い物に行って、わざわざまわりの人にお土産を買いませんよね。

それなりにいいお値段がするディズニーランドやシーのお土産。3〜4個購入すれば、すぐに数千円から1万円程度はかかってしまいます。これまでそこにかけていた費用がすべて自分のものとして、100％好きに使えるのです。

「ディズニーに行って、他人のお土産を買っていかなくていい」。……実は、これって意外と大きなメリットなのです。

D
memo
日中荷物になるからと閉園間際の混雑したショップで、せわしなくお買い物をするのではなく、まったく混雑していないお昼頃にのんびりと好きなものを選べるのも、ひとりディズニーの特権です。

point 8

「心の余裕」が増えるおひとりさま

他の人とディズニーリゾートに行ったとき、そこには自分だけでなく、同行者の考え、行動、乗りたいアトラクションや観たいエンターテイメント、買いたいグッズや食べたいメニュー……など、自分以外の意思が存在します。

2人いれば2人分、5人いれば5人分の考えがそこにはあるわけです。1日という限られた時間のなか、それらの多くの要望から自分の考えだけを貫き通すというのは現実的には無理といっていいでしょう。

もちろん、その仲間たちとの楽しみは別の種類のものですし、それはそれでかけがえのない大切な時間です。

ただ、その反面、「もうちょっと何々をしたかったなぁ」「あそこに行きたかったた……」「あれも食べたかったなぁ……」という感覚が残ることも多いのではないでしょ

うか。

これまで誰かと行ったパークで、やり残したたくさんのこと。これらを一度、ひとりディズニーで、思うまますべてじっくり体験することができれば、**次にまた仲間などと一緒に行ったときに、「行動や考え方に余裕が生まれる」**のです。

たとえば、そのあと誰かとディズニーに行って、自分の思い通りにならないことがあったとしても、「またひとりで行けばいいや」と思える心の余裕が生まれてくるのです。

また、自分は過去に満足できていて、それなりにパークに詳しくなっているので、「今はこっちに行ったほうがいい」

や「そこよりもこっちのほうがいいよ」と、グループのなかでこれまでよりも自分の考えや意見が通りやすくなるメリットもあります。

このように、意外かもしれませんが、**「ひとりディズニーの経験」があると、そのあとの仲間たちとのディズニーパークが、いっそう楽しめるようになる**のです。

常に進化し続けるディズニーリゾートは、一度行ったからもう行かなくていいや……と満足するものではありません。これからの長いディズニーリゾートとの付き合い方を考えれば、そんな観点からもひとりディズニーのメリットは大きいのです。

D
memo

パーク仲間と行くときの便利なポイントとして、「荷物を分散させて持っていく」こと。たとえばレジャーシートやブランケットなど、特に大きめの荷物は分散しておくとお互い楽ですよね。さらにブランケットはお土産をかねて現地で買うと荷物が減ります。

point 9

ジャンルさまざまな「Dヲタ」たちを観察しよう

さまざまな楽しみ方ができるディズニーリゾート。ひとりディズニーを楽しんでいる方のなかには、パークの特定分野について、非常に詳しい方もたくさんいらっしゃいます。

ディズニーが大好きな方は「ディズニーヲタク」、いわゆる「Dヲタ」と呼ばれますが、ディズニーをすでに堪能されている方の趣味趣向は非常に幅広く、**一言でDヲタといっても、実はいろいろな「好き」を持った方がたくさんいます**。

もちろんすべてのマニアの方がどこかに必ず所属するわけではなく、いろいろな分野が好きなDヲタや、逆にひとつの分野にだけ非常に深く特化しているDヲタなどもたくさんいます。

最初から決めてDヲタになる、ということではなく、自分の好きなことや好きなものに注目していた結果、いつの間にか、そのいずれかにハマっていたというだけの感覚でもあります。

もちろんこれは便宜上分類しただけのもので、ここに当てはまらなければ「Dヲタ」を名乗ってはいけないということではないですし、そもそもそんな分類に関係なく、楽しめればいいものです。

ここでは自分がひとりディズニーをする前提で、どんな趣味趣向のDヲタがいるのか、どんなことに興味があるのかの参考としてその分類をしてみました。もちろんこれがすべてではありませんが、**知っておくと、「ひとりDヲタライフ」に役立つかもしれませんね。**

・アトラクション系

・とにかく乗りたいヲタ（何個乗れる？　何回ループできる？　今日も挑戦は続きます……）

・バックグラウンドストーリーヲタ（アトラクションに秘められたストーリーを追う）

・**ショー、パレード系**
・キャラクターヲタ（意外とマイナーキャラクターも大人気だったりします）
・ダンサーヲタ（特定のダンサーさんや演者さんを応援）

・**フード、メニュー系**
・キャラメニューヲタ（キャラクターのかわいいフォルムに癒される）
・ホテルレストランヲタ（日常的に通っている方も……）
・自宅でパークメニュー再現ヲタ（おうちでもディズニー気分）

・**グッズ系**
・コレクションヲタ（キャラグッズ、スーベニアメダル、ポップコーンバケット、シーズングッズなど）
・制作ヲタ（ぬいぐるみコスチューム、オリジナルカチューシャなど）

・**環境系**

・植物、花ヲタ（四季に合わせて移り変わる植物や花を観察）

・考察系ヲタ（ショーやパレード、歴史、パークのモデルとなった地域や物語、遺跡など）

・隠れミッキーヲタ（パークのあちこちに潜む隠れミッキーを探しまくる）

・**記録系**

・カメラ、ビデオ撮影ヲタ（ショーやグリーティング撮影時のカメラの設定などにこだわる。高性能なカメラやバズーカのような望遠レンズを自在に操る）

・**その他**

・仮装ヲタ（着るだけでなく、自分で制作もする方が多い）

・模型、制作系ヲタ（パークの模型制作、自宅でショー再現、ゲーム内でパークの制作）

・パーク史ヲタ（ディズニーリゾートの歴史に詳しい。アトラクションや、ショーパレードなど）

……など、もちろんこれ以外の分野でもかなり深く、マニアックな方々も存在します。また、パーク以外の「Dヲタ」もたくさんいるので、ディズニーの世界は本当に深く、広いのですね。

こうした、ちょっとディープな世界。大勢で行くと、なかなかそういったところをじっくり見る機会は少ないもの。自分の楽しみ方以外にも、いろいろな楽しみ方を見つけてみるのもおもしろいかもしれませんね。

D memo

困ったときはそれぞれの分野に精通している方にツイッターなどで質問してみるのもいい方法。たとえばカメラの設定や自分で仮装のコスチュームをつくる方法、グッズの発売日や販売状況……など、特に詳しい方は丁寧に教えてくれる場合も。

point 10

「推し」がいると、パークがもっと楽しくなる！

先ほどご紹介したように、パークのなかで楽しむ方は、それぞれの趣味趣向の幅がとても広く、一言で「Dヲタ」といってもいろいろな「好き」を持った方がたくさんいます。

そんななか、**ひとりディズニーをよりいっそう深く楽しむために、その「好き」を「推し」にしてみるのもひとつの手です**。もちろん無理にそれを決める必要もありません。気づいたら「推し」になっているケースがほとんどです。

自分のなかでキャラクターやダンサーなど、何でも

いいので、「推し」がいると、目的や目標が明確化され、今まで以上に楽しめるポイントになるかもしれません。

ミッキーマウスをはじめとするディズニーキャラクターは、ディズニー映画の世界から飛び出してきました。それぞれのキャラクターには「個性」があり、ショーやパレード、そしてキャラクターグリーティングでもそうした個性が非常によく出てきます。

もちろんキャラクターによって、パークのなかでの出番に大きな差はありますが、そのキャラクターを中心に据えたイベントなどが行われることもあり、その「推し」によって、ショーやパレードの見る位置、待つ位置が変わってきたりということもあります。

特定のキャラがいなくても十分楽しめるパークですが、そんな楽しみ方もおもしろいかもしれませんね。

D
memo

推しのグッズやバッグを身につけてパークに行くと、実は意外なメリットがあります。ショーやパレード、キャラクターグリーティングで気づいてもらえれば、いつもより濃いファンサービスをもらえるなんてことも。

point 11

パークで「海外旅行」はいかが？

仕事や学校が忙しくて、なかなか旅行ができない……。だからこそ、**「パークで海外旅行」というのはいかがでしょうか**。パークのなかには、実在する海外の史跡や街並みなどが忠実に再現された場所が数多くあります。そんな深いこだわりを感じてみるのもおすすめです。ここでは海外旅行に行ったような気分になる、パーク内の場所をご紹介します。

・中央アジア諸国の建造物

ディズニーシーのアラビアンコーストにある円形のドーム状の建物は、中央アジア諸国で実際に見られるもの。この高さがある天井は空間が広いため、音の響きがよく、涼しく感じる効果もあるのです。また乾燥しやすい地域では平らな天井ではなく、湾曲させることで建造物に強度を持たせる効果もあります。

・マヤ文明の遺跡巡り

ディズニーシーのロストリバーデルタにある「インディ・ジョーンズ®・アドベンチャー：クリスタルスカルの魔宮」。この遺跡はその形から、ユカタン半島に実在する、「チチェン・イッツァ」というマヤ文明の遺跡がモチーフになっているといわれています。実際の遺跡にも見られる、「チャーク」と呼ばれる雨の神様を模した顔のようなものも壁の一部に見られます。

・歴史を紐解く散策

美しいシンデレラ城ですが、実は歴史上実在した「ちょっと怖い仕掛け」も。その外壁のひとつになっている、城の比較的低い位置に周囲を取り囲むようにしてついている「十字型」のような模様。これは単なる飾りではなく、外敵が襲ってきた場合に、この穴から矢や銃を出して攻撃するために実際に城の外壁に空けられていた穴なのです。日本の城にも同様のものがあり、「矢狭間」や「鉄砲狭間」「銃眼」と呼ばれています。この穴はディズニーシーの「フォートレス・エクスプロレーション」にも見られます。

・西部開拓時代のアメリカ河へ

ディズニーランドのウエスタンランド。ここは19世紀、開拓時代のアメリカ西部の雰囲気を味わうことができます。ここにある「蒸気船マークトウェイン号」で、アメリカ河一周の旅を楽しんでみてはいかがでしょうか？　アメリカ河を一周している途中、ビッグサンダー・マウンテンの裏を通りかかるとき、線路下の奥のほうにご注目。ロッキングチェアにもたれかかりながら釣りを楽しんでいる老人、セドナ・サムがいます。上を走るウエスタンリバー鉄道からも見ることができますが、列車のいちばん左側の席に座って、かなり覗き込まないと見ることができないため、実質的には蒸気船マークトウェイン号からしか見えません。また、セドナ・サムや、この先にいるインディアンたちは冬になると上着やコートを着用するなど、実は季節で服装も変化していますので注目してみてください。

こうした世界の遺跡や風景などが再現されたパークですが、そのモデルや内容はあえて明確にされていない場合もあります。そこはやはりディズニーの世界。多くの人が知る史跡などをイメージさせるような形で、独特の世界をつくっているのですね。そんな姿もぜひ探してみてください。

D
memo

ディズニーランドは主にアメリカ、ディズニーシーはイタリアが玄関口となっています。そんななか、パーク内ではさまざまな国の言葉が見られます。特にシーではイタリア語、スペイン語、ポルトガル語などが見られ、まさに世界の海を巡るイメージのテーマポートですね。

point 12

ゲストの流れの裏をかいて動ける快感

ひとりディズニーでは特に予定も立てず、なんとなくパークに入って、なんとなく散策したり……そうして自由に楽しめるのも大きなメリットのひとつです。

逆にいうと、**ひとりはいちばん動きやすい最小単位なので、ある程度細かく予定を立てて計画的に動けば、より効率的にまわれるということにもなる**のです。

特にアトラクションを楽しむ場合は、その計画的な動きはとても重要。たとえば朝早い時間に人気のアトラクションに真っ先に向かうというのも、もちろん有効な手段です。ただ、一気に人が動きはじめる朝のタイミングは、「ほとんどの方が同じ動きをする状態」なので、混雑する人の流れに乗ってしまっているということでもあるのです。

たとえばディズニーシーの場合、比較的エントランスに近い位置にある「ソアリン：

ファンタスティック・フライト」や「トイ・ストーリー・マニア！」ではなく、一気にいちばん奥地の「インディ・ジョーンズ®・アドベンチャー：クリスタルスカルの魔宮」や「レイジングスピリッツ」などに向かうということ（ソアリンなど人気アトラクションはスタンバイパス発行時には、並んで乗車できない場合もあります）。

朝一のシーの場合は、「ソアリン：ファンタスティック・フライト」と「トイ・ストーリー・マニア！」の2つにゲストが集中するため、離れた奥地では、人が流れてくるまで少し時間がかかります。まだ人が圧倒的に少ない奥地で人気アトラクションに続けて乗ってしまえば、午前中の早い時間で主要アトラクションを3〜4つ簡単にクリアできてしまうこともあるのです。

気兼ねなく、自由に動けるからこそ、さらに効率的に動けば、その満足度は何倍にもなるといってもよいでしょう。

D memo

朝一は、ディズニーランドでも同様に、最初にエントランスから遠い位置にある、まだゲストが流れてきていない「スプラッシュ・マウンテン」や「ビッグサンダー・マウンテン」から攻めていくのもいい方法です。

point 13

「なんにもしない」という贅沢ができる

仲間や家族、友達同士で来ると、何かとせわしくなってしまうディズニーリゾート。一般的なディズニーリゾートの楽しみ方としては、やはりアトラクション中心の方が多く、それからショーやパレード、キャラクターグリーティングなど……さまざまです。

せっかくパークに来たのならば、できるだけたくさんのことを体験し、いってみればパスポート代は絶対取り戻すくらいの楽しみ方をしたいものですよね。

ただ、そうなると、開園から閉園まで、意外と厳しい過密スケジュールで一日中動きまわることになります。もちろんそれも楽しさのひとつではあるのですが、体力の余裕がなくなると、併せて気持ちの余裕もなくなってきます。

そんななか、パークでは必然的に「何かをやらなければならない」という気持ちになってきます。

そこで**おすすめしたいのが、「何かをする」のではなく、「何もしないをする」ということ**。

……せっかく高いお金を払ってパークに入っているのに、さすがにそれはもったいないのではと思いますよね。そう考える方が多いと思います。

家族や仲間たち、恋人と行ったときに何もせず、ただ座ってぼーっとしている……なんていうことはあまりないと思います。

しかしここでもおひとりさまの魅力が最大限に発揮されるのです。

前述したように、大勢でパークに来れば、乗りたいアトラクションや観たいショーなどはさまざま。全員の希望に合わせて、みんなで順番にパーク内を移動していく形になります。

そんななか、おひとりさまの場合、すべての時間が

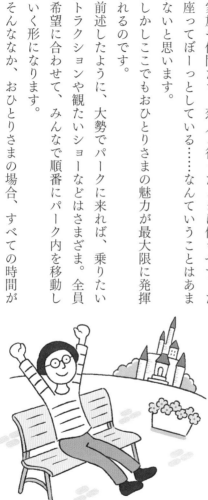

自分の思うタイミングで使えることになります。逆にいえば、「大勢で来るときよりも時間に余裕がある」ということにもなります。

そんなとき、ぜひやっていただきたいのは、たとえばディズニーシーの海辺のベンチに座って何も考えずぼーっとすることや、ディズニーランドの広大な敷地を、何も考えず、ただ歩くだけといったこと。

ディズニーリゾートには教えられないと気がつかないような、さまざまな細かな工夫があちこちに散りばめられています。ベンチに座ったり、散歩をしていると、そんなこだわりを見つけられることも。そうすると、いつもとは違った特別な体験になります。

大勢で来ているときには絶対に味わえない、この「特別な感覚」。一見そんなところに時間を使ってしまうのはもったいないような気もしますが、**何もせずそこにいるだけ、またはまわりを散歩するだけで、「今まで見えなかったディズニーリゾートの姿」だったり、「そこの空間、時間をひとりで楽しんでいるという満足感」に包まれると思います**。

この「何もしない」という、けっして大勢では味わうことのできない、いってみれば「上級者」のディズニーの楽しみ方。

誰かに何かをいわれるわけでもなく、誰かに何かをいうわけでもない。ただ自分のためだけにそこにいるという贅沢。想像するだけで、なんだかちょっと癒されていくような気がしませんか？

D
memo

お散歩するときは、「美女と野獣の城」を見る方向を意識するのがおすすめ。パーク入り口に近いトゥモローランド側からではなく、反対側のトゥーンタウンのほうからこのエリアに入ってみてください。まるで、映画『美女と野獣』の世界に迷い込んだように、街並みから徐々にお城が現れてきます。

point 14

ひとり分のスペースがあれば どこでも休憩所

いくら時間に自由が利くとしても、やはり一日中動けば相当疲れるもの。適当なタイミングで適度な休憩が必要になります。大勢で行くときには、食事の時間もそうですが、休憩する場所というのも限られてきます。

レストランでは人数分の座席があるところ、屋外でちょっと座って休憩するときも人数分のスペースが必要になります。そんなときでもひとりディズニーのメリットが生かされます。

それは**きちんと整備されたベンチ以外でもひとり分のスペースがあれば、座って休憩ができる**ということ。これはひとりディズニーを経験しないとなかなかわかりませんが、自分の休みたいタイミング、休みたい時間、休みたい場所で気軽にひとりで座って休憩できるというのは非常にありがたいことなのです。

もともと設置されたベンチではありませんが、ちょっと座ってまわりを眺められる場所をご紹介します。

【ディズニーランド】

・ファンタジーランドのプーさんのハニーハントファストパス発券機脇にある花壇周辺
・ファンタジーランドの美女と野獣エリアのトイレの前にある案内板周辺
・トゥモローランドのビッグポップから、シンデレラ城に続く道の途中にある花壇周辺
・クリッターカントリーのビーバーブラザーズのカヌー探険付近の岩

【ディズニーシー】

・メディテレーニアンハーバーからソアリン：ファンタスティック・フライト方向に進み、途中右側にある泉の近く

・アメリカンウォーターフロントのS.S.コロンビア号前にあるスクリュー周辺
・メディテレーニアンハーバーのマゼランズの前にある噴水
・アラビアンコーストのシンドバッド・ストーリーブック・ヴォヤッジの近くにある花壇周辺
・ロストリバーデルタのハンガーステージに向かって左側にある石垣

多めの人数だとそれなりの広い場所に座らなければなりませんが、ひとり分の隙間だけであれば、もともと休憩場所として設定されてないところにも腰をかけてゆっくり休むことができ、そんな場所だからこそ新しい風景や発見があったりするものです。また、一息つきながらあたりを見渡すと、街並みや街灯のこだわり、そして隠れミッキーが見つけられるかもしれません。

ここでひとつ、あたりを見渡すだけでは見つけられない隠れミッキーをご紹介します。それは、ファンタジーランドの「ラ・タベルヌ・ド・ガストン」のお店の正面を見て左側の壁沿いに2つ並んだベンチのうしろ。窓枠に小さな鉄のカバーがあるのですが、これを持ち上げると隠れミッキーが。2つのベンチのうしろそれぞれに違う形の隠れミッキーがいます。これは、一息つく余裕がないと、なかなか見つけられない隠れミッキーです。休憩のたびに何か探してしまいそうですよね。

小さなことのように感じますが、意外にこうした癒しの休憩スポットを堪能できるというのもおひとりさまの大きなメリットといえるでしょう。

D memo

車でパークに来る方におすすめなのは、休憩で一度車に戻ること。なんでそんなもったいないことを、と思うかもしれませんが1時間でも仮眠をとると体力は想像以上に回復します。ついでに日中買っておいた物を車において、身軽に遊びましょう！

point 15

リアルタイムな情報収集で効率的に

ひとりディズニーをするうえで必要なものはたくさんありますが、いちばん大切といえるのが情報収集。すべてのことを自分で考えて行動しなければならないため、どこに何がある、今どんなことが行われている……など、**パークの最新情報は自分であらかじめ調べるなりしておいて、現地で臨機応変に対応できれば、パークを120%楽しむことができます**。

そこで、事前に情報収集をするのに正確な情報としていちばん有効なのは、もちろん東京ディズニーリゾートの公式ウェブサイト。

当たり前ですが、ここに書かれていることは公式のものなので、こちらを参考にするのがいちばん正しい情報です。ただ、残念ながら公式サイトに書かれていることは、「最低限のスケジュール」やメニュー、チケットの情報などであり、意外に細かなことが書かれていないことが多いのです。

実はイベントや最新の情報がいちばん早いのは、「株式会社オリエンタルランドの公式ウェブサイト」。

さまざまな情報はここからまず報道各社にプレスリリースとして配布され、そののちにディズニーリゾートの公式サイトに掲載されるという場合がほとんどです。そのため、ディズニーリゾートの公式サイトよりも株式会社オリエンタルランドの公式サイトをチェックしておいたほうが、情報は早く収集できることがあります。

また、**ツイッターでディズニーリゾートの現地の情報を収集するのに便利なハッシュタグが「#TDR_now」**。実はこのタグ、2012年に著者がみなさんの意見を伺いながらつくらせていただいたもので、ディズニーリゾートのリアルタイムな「パークやアトラクションの混雑状況」や「開園前の入場ゲートの状況」「商品の販売状況」などが、毎日たくさん投稿されています。ぜひ参考にしてみてくださいね。

D memo
よくテレビ番組でも特集されるディズニーリゾート。特に、紹介されたレストランは人気が集中して、しばらく予約（プライオリティ・シーティング）が取りにくい状況が続きますのでご注意を。

50 Ways to Enjoy a Solo Disney Trip.

CHAPTER 2

自分史上最高の１日を

point 16

パークに散らばった「錯覚の魔法」

ディズニーリゾートといえば、アトラクションやショーがその「柱」といってもよいと思います。しかし、なんといっても、パークの世界観が広がる風景は魅力的です。「夢」と「魔法」といった、非現実の「色鮮やかな原色の世界」が描かれたディズニーランド。そして歴史や史実、現実の場所や考えに基づいた、洗練された美しい光景が広がるディズニーシー。やはりここに来たら誰もが写真やビデオを撮影するもの。

そんななか、「写真を撮るためだけにディズニーに行く」という方もたくさんいます。それは、「思い出としての写真」ではなく、「作品としての写真」。パーク内のあちこちに、それだけでも満足感が得られるクオリティの風景が広がっています。

特に今はほとんどの方が高性能スマートフォンを持っている状態であり、「一億総カメラマン時代」ともいえます。一眼レフなどの高額な機材でなくても、高画質で高品質の写真や動画が撮影できる時代です。

しかし、スマホで簡単に写真が撮れるとはいえ、やはり友達や家族、恋人同士で行く場合、意外に自分の好きなタイミングではなかなか写真が撮りにくいもの。また、無理して撮影ばかりしていれば、自然と同行者との距離感が生まれてしまうこともあります。

おひとりさまで行くディズニーでは、「好きなタイミング」で「好きなだけ」「好きな時間」に写真や動画をじっくり撮ることができるのです。「え？　別にそんなことはみんなで行っても一緒でしょ？」と思うかもしれません。

では、これまでにパークに行ったことのある方は、その日の写真フォルダーを見てみてください。多くの仲間や友達と行った場合、撮った写真はやっぱり仲間との思い出が中心。

もちろんそれはそれで大切で素敵な思い出ですが、こだわりある美しいパークの風景はほとんどな

いのではないでしょうか。

そんななか、おひとりさまなら誰にも邪魔されずに、好きな場所で好きなだけ、昼から夕方へ、そして夜への風景の移り変わりをずっと同じ場所で撮っていても誰にも何もいわれません。

また、同行者がいるとなかなかじっくりできない、ぬいぐるみやフィギュアを置いての撮影も、納得のいくアングルで何度でも撮り直してOK。

特に写真が得意でなくても、よい機材でなくても、ディズニーリゾートで納得できるまで撮る……。これは、地味に見えて、どっぷりとディズニーの世界観に浸れる、とても幸せな時間でもあるのです。

そこで、**写真を撮る際に意識しておくといいのが、パークに散らばった錯覚の魔法**。ディズニーランドのワールドバザールの建物やシンデレラ城は「上に行けば行くほど小さくつくる」ことによって、実際の高さよりも高く見せる遠近法が使われています。ワールドバザールの建物は、1階を100％とすると、2階が約70％、3階が約50％と、縮尺を変えてつくられています。また、シンデレラ城は近づけばわかりますが、上に行けば行くほど石垣が小さくなっています。

また、ディズニーシーの景観のひとつでもある、ホテルミラコスタの外壁。こちらは、本物と区別がつかないようなリアルな彫刻や窓が描かれている「トロンプ・ルイユ（だまし絵）」という技法と、「本当の窓枠」を組み合わせてつくられています。さらに、ホテルの外壁が、ゲストから壁が斜めに見えるところには本物が、真横に見えるところには絵が使われています。斜めから一度立体的なものを見たゲストは、「それ以外も当然本物だろう」と信じてしまう心理を上手く利用した錯覚なのですね。

このような錯覚を知っていると、今までとは少し違った写真が撮れるかもしれません。

D
memo

パーク内に飾られている絵や写真には深い意味が隠れていることがあります。「S.S.コロンビア・ダイニングルーム」内のきらびやかな絵や、お手洗い近くの写真。これらは、S.S.コロンビア号が処女航海を迎える設定の1912年にはまだ建設中のパナマ運河を称えています。

point 17

意外に知られていない、ちょっと変わった撮影スポット

パークではたくさんの鮮やかな光景を見ることができます。誰もがパークを代表するシンデレラ城の写真は撮ったことがあるでしょう。そんな代表的なパークの風景だけではなく、**「意外なところからおもしろい景色」を撮影することができます**。

意外に気がつかないことですが、私たちゲストは「パークがつくった、決められた方向からしか風景を見ていない」という事実があります。もちろん、逆にいえばそれは計算し尽くされてつくられたパークの気使いでもあり、それがいちばん美しいシーンが撮れるスタンダードな方法でもあります。

しかし、たとえば列を進んでいく途中で振り返ってみたり、いつもと違う方向から見てみると今までとは違う景色に出会えます。ここではそんなちょっと変わったディズニーランドの撮影スポットをご紹介します。

・上から撮るシンデレラ城

ディズニーランドのシンボルともいえるシンデレラ城。こちらは見上げることはあっても、見下ろすことはほとんどできません。そんななか、パークの内で唯一高い位置から見えるのがアドベンチャーランドにある「スイスファミリー・ツリーハウス」。見るといっても枝などがあって全体は見えにくいのですが、階段を上がった途中から、シンデレラ城やウエスタンランドの街並みが見える場所があります。上からしか撮れないシンデレラ城。ぜひ撮影してみてください。

・アトラクションの入り口から見るシンデレラ城

ファンタジーランドの「イッツ・ア・スモールワールド」。このアトラクションに入る直前にシンデレラ城の方向を振り返ってみると、手前にアリスのティーパーティーとキャッスルカルーセル、その奥にシンデレラ城というバランスのよい構図で写真を撮ることができます。ただ、うしろから他のゲストが来ていないことを確かめてタイミングを合わせて撮りましょう。

・シンデレラ城を撮るときに誰にも邪魔されない場所

トゥモローランドの「スティッチ・エンカウンター」の入り口の左側には、目立ちませんが、奥まで行ける通路があり、ここには、ほとんど人が来ない穴場のベンチがあります。この場所からは、手前に水が流れる構図になるので、誰にも邪魔されずにシンデレラ城を撮ることができます。

・ファンタジーランドの奥にそびえるプロメテウス火山

「シンデレラのフェアリーテイル・ホール」の出口から、キャッスルカルーセルのほうを見ると、レストラン、「クイーン・オブ・ハートのバンケットホール」の奥にプロメテウス火山が見えます。ランドの景色の奥にそびえるプロメテウス火山もまた新鮮です。

さらに、ファンタジーランドを上から見ることもでき、原色のカラフルな建物をジオラマ写真のように撮影できます。

・花火工場の上に本物の花火

花火の撮影ができるポイントは両パーク内にたくさんありますが、ちょっとおもしろい場所が、トゥーンタウンの花火工場。ここでは、「花火工場の上に本物の花火」が上がる瞬間を撮ることができます。偶然か計算されたのかわかりませんが、そんなポイントも見つけてみてくださいね。

・ひとつのフレームに6つのアトラクション

こちらは相当タイミングがよくないと撮れない、かなりレアな瞬間。それはウエスタンランドにあるビッグサンダー・マウンテンに並んでいる途中に、スプラッシュ・マウンテンが見える位置の窓から、アメリカ河のほうを見ること。手前に①ビッグサンダー・マウンテン、その奥に②蒸気船マークトウェイン号、そして③ビーバーブラザーズのカヌー探険のカヌー、④トムソーヤ島いかだ、⑤ウエスタンリバー鉄道、⑥スプラッシュ・マウンテン……と、運がよければなんと6つのアトラクションが同時にフレームに入る瞬間があるのです。ただこれはかなりレア。ビッグサンダー・マウンテンに乗る際には、窓からちょっと覗いてみてください。

・森のなかにある美女と野獣の城

シンデレラ城と並んでランドの新しいシンボルである美女と野獣の城。その雄大な姿は正面から撮るのがいちばん大きく、立派に見えるといってもよいでしょう。ただ、私のおすすめは、城に向かって右側にあるファンタジーランド・フォレストシアターの手前の森のなかからお城を撮ること。手前に樹木やシアターのタペストリーなどを入れて撮ると、森の向こうの奥にある、隠された大きな城のようなイメージになります。

・バラと撮る美女と野獣の城

こちらは主に美女と野獣〝魔法のものがたり〟のアトラクションを体験したあとなのですが、城を出て出口に向かう途中、右側にお城が見える場所に、物語のシンボルにもなっている「バラの花」が実際に植えられています。少し低い位置なので目立ちませんが、アングル的にもなかなかおすすめ。美女と野獣の世界観にぴったりで素敵です。

D
memo

花火は、意外とその打ち上げ場所がわからないもの。大まかな目安としては、ランドはワールドバザールのパートナーズ像からシンデレラ城を見て10～11時の方向、シーはS.S.コロンビア号の先端とザンビーニ・ブラザーズ・リストランテを結んだ延長線北側に上がると覚えておくとよいでしょう。

point 18

運河をより美しく撮ってみよう

いくつもあるディズニーシーのロマンチックな風景。静かにひっそりとその存在感を表し、大勢でわいわい行くとなかなか気がつかない風景がたくさんあります。

たとえばディズニーシーの「橋」。**海や川が多いディズニーシーのパーク内には想像以上に数多くの橋が存在します**。大きな橋や小さな橋、なかにはこれが橋であるかどうかさえわからずに渡っているものもあります。

何気なく渡っている橋ですが、その一つひとつにも物語があったり、深い意味が隠れていることも。今回はそんな橋が美しく撮れるポジションと撮り方をご紹介します。

ここでご紹介するのはディズニーシーの代表的な風景でもある、メディテレーニアンハーバーの運河にある橋。

このエリアは「2つの運河」と、「5つの橋」で構成されています。5つの橋のそれぞれ「名前」と「意味」は以下の通りです。

・ポンテ・ディ・ベンヴェヌーティー（歓迎の橋）

パークに入ってアメリカンウォーターフロント方向（左側）に進むと最初に渡る橋。太い通路と坂の途中にあるため、そもそも橋と認識している方が少ないのではないでしょうか。左記の「芸術家の橋」から背後にプロメテウス火山を入れて撮るのがおすすめ。

・ポンテ・デッラルティスタ（芸術家の橋）

メディテレーニアンハーバーから運河方向（左側）に進み、レストラン、「リストランテ・ディ・カナレット」の入り口左側にかかる橋。こちらは橋自体を撮るよりも、この橋から見た運河の風景を撮るのがおすすめ。橋を撮るなら、右記の「歓迎の橋」から撮るのがおすすめ。

・ラ・ドルチェ・ヴィスタ（美しい景色の橋）

海に突き出た小島、リドアイルにある2つの橋のうち、パーク入り口（ミラコスタ方向）に近い側にかかる短い橋。その名前の通り、この橋の上から撮るプロメテウス火山、そして少し下がってこの橋を入れて撮るのがおすすめ。この橋の上からパークを見渡すとハーバーを一望することができます。

・ポンテ・デル・リド（リド橋）

水上ショーが開催されるときにメイン会場のひとつとなるリドアイルに渡る南側の橋。混雑時や、ショー開催時にはこの先のリドアイルが入場規制になる場合もよくあります。この橋は撮るときの構図が少し難しいのですが、アメリカンウォーターフロントのほうから撮るのがおすすめ。

・イソラ・デル・ゴンドリエーレ（ゴンドリエの橋（島））

ヴェネツィアン・ゴンドラのアトラクションに行く途中、ゴンドラが出発する建物へ渡る橋。もともとは「ゴンドリエの島」という意味ですが、それが橋の名前になっています。ゴンドラが出発して最初にくぐるこの橋はエリアのほぼ中心にあり、どの方向から撮っても絵になります。水上ショーなどでヴェネツィアン・ゴンドラが休止中は橋も渡れなくなりますが、写真を撮りたい場合、キャストにお願いすれば渡らせてくれることもあります。

異国情緒溢れるディズニーシーにはなくてはならない美しい橋。気にしなければ通り過ぎて終わりかもしれませんが、ぜひ一度撮影してみてはいかがでしょうか。

D
memo

ディズニーシーには管理用でゲストが渡れないのも含めると30本近くの橋が存在します。また、パーク内の橋には渡っていることを感じにくく、橋と認識しにくいものもあります。そんなところも気にしながら散策するのも楽しいかも。

point 19

同じ場所でも季節と時間で変化する表情

パークのなかで魅力的なのは、単にその「フレームに収まる美しい光景」だけでなく、**同じ場所でも、時間や季節が変わるだけで、その美しい風景が「まったく違う表情」を見せてくれる**こと。

たとえばディズニーシーのプロメテウス火山。午前中からお昼にかけては、眩しい太陽の光に照らされる美しい稜線と、その目の前に広がる青い海が撮影できます。しかし、午後から夕方にかけては、夕暮れの赤い空に照らされて影になっていくプロメテウス火山。そして夜には怪しく光輝く、少し不気味でさえある、鮮やかな火山の姿を見せてくれます。

しかし、単に照明を当てるだけではないのがさすがディズニー。たとえばディズニーランドのアドベンチャーランドにある「ジャングルクルーズ」は2014年9月にリニューアルし、「ジャングルクルーズ：ワイルドライフ・エクスペディション」に生まれ変わり、夜だけの演出が追加されました。

夜にしか見られないホタルの光や、怪しく輝くワニの瞳、不気味に照らされたジャングルのなかの神殿……といった、「特別な効果」が、夜のジャングルの魅力を引き立てています。

また、ディズニーシーのミステリアスアイランドでは昼間には確認することが難しい、「無線で飛ばされている電波をつかった照明（ネモニウム）」の光や、夜だけその光を見ることができる回転灯の灯り、そして潜水艦ノーチラス号を海中から照らす怪しい光のライトアップなどもあり、ミステリアスアイランドらしい雰囲気に浸ることができます。

こうした、単に美しい風景をじっくり眺められるというだけではなく、「時間や季節で変化する表情をじっくり楽しめる」というのも、時間の制約がない、ひとりディズニーの特権。

これらはアトラクションに乗らなくても確認することができるので、ぜひそんな昼と夜の違いも探してみてください。それ以外にも、夜だけ特別な効果が加わるものをご紹介します。

施設名など	内　容
美女と野獣の城	ライトアップが実は２種類あり、夕方（夕暮れのオレンジ色）と、夜（青色）でライトアップが異なる。特に夕方の短い時間だけのライトアップは貴重。
ベイマックスのハッピーライド	建物全体と周囲のライトアップがスペース・マウンテンと周辺エリアと同調している。
ピーターパン空の旅	夜になるとティンカーベルが入り口の上から、妖精の粉をゲストにかけています。
ホーンテッドマンション	建物に向かって右側にあるサンルームには夜になると人魂がゆらゆらと浮遊しているのが見える。
マーメイドラグーン	シンボルとなっている城、「キング・トリトン・キャッスル」の上部にキラキラした水が流れる演出が。これはつい先ほどマーメイドラグーン（城）が海から現れたという設定のため。
アクアトピアの裏側	夜になると現れる上空に伸びる「光の筋」はなくなったアトラクション、ストームライダーの誘導灯。

夜になるとまた違う雰囲気を味わうことができますので、一度通った場所でも違う時間に行ってみるのがおすすめです。エリアによっては、昼と夜のBGMや、聞える音が変わることも……。照明以外も比べてみてくださいね。

ショーやパレード、アトラクションを楽しむのももちろんですが、普段、大勢で行くときはあまりじっくり見ないこうした「変化する表情」を堪能して、写真に収めてみるのもいかがでしょうか。

D
memo

時間限定の景色はいくつかありますが、「季節と時間限定」なんていうレアなものも。たとえば「ホテルミラコスタに映るプロメテウス火山の影」。これは冬（12～1月）に太陽が沈む、西の方角の空に雲がほぼない日にだけ見られる珍しい光景です。

point 20

難易度MAXな数々の隠し要素

ゲストを楽しませてくれる数々の「こだわりの魔法」があちこちにかけられているディズニーリゾート。そんな大小さまざまな魔法のなかには、誰かに教えてもらわないと気づかないものもたくさんあります。また、さらに実際に**その場に行っても肉眼で確認することはほぼ不可能で、望遠レンズを使って拡大してみないとわからないという深いこだわりがあるものもパークには存在します**。ここではそんなところをご紹介します。ぜひ、望遠レンズを片手に探してみてください。

・望遠レンズなしでは「絶対発見不可能」な隠れミッキー

パークのなかにある多くの隠れミッキー。しかし大抵のものは近づいて見ればすぐに視認できるものです。しかし、ここで紹介する隠れミッキーは「望遠レンズがないと絶対確認できない」という、とんでもないもの。場所はアメリカンウォーターフロントにある、S.S.コロンビア号の船首右側に停泊している小型のタグボート、「ヘラクレス号」。この船の後方にある、ロープの下、船体の横には、「木目のはっきりとした隠れミッキー」があります。しかしこれは肉眼では絶対見えないくらいのサイズなのです。

・なぜそこに……？　知らなければ絶対わからない隠れミッキー

右でご紹介した場所から近い、ケープコッド。S.S.コロンビア号のほうから赤い鉄橋、ハドソンリバーブリッジを渡ると、右側に「ディズニーシー・トランジットスチーマーライン」と「ヴィレッジ・グリーティングプレイス」の建物が見えてきます。橋を渡ってすぐ右側にある空間。ここは以前喫煙所だったところで、現在は休憩スペースになっているのですが、ここからこの建物の上部にある、「GRAND BANKS CANNERY（グランドバンクスキャナリー）」と書かれた看板の文字を見てください。キャナリーの「N」の字の左側に、「極小の隠れミッキー」を見つけることができます。これも先ほど同様、望遠レンズでないとまずわからない部分。なぜこんな絶対わからないようなところにつくられたのかわかりませんが、そんな遊び心が楽しいですよね。

・河の対岸からでないと見えない、あるショップの「裏側」

ディズニーシーのポートディスカバリーから、ロストリバーデルタに向かう途中にある小さなワゴンショップ、「スカイウォッチャー・スーヴェニア」。半分だけきれいで、半分だけ汚れたこのちょっと変わったショップ、一度は目にしたことがあると思います。このショップはポートディスカバリーからロストリバーデルタに行くときは「荒々しく汚れたような雰囲気」に見えて、逆に向かうときは「メカニカルなきれいな部分が見える」という、次のテーマポートへの違和感ない、つなぎのイメージも大事にしている一面もあります。

このショップですが、実はほとんどの方が知らない秘密があります。その秘密はまさかの対岸にあるインディ・ジョーンズ博士の飛行機あたりから、望遠レンズを使わないと撮影と確認ができない位置、「裏側」に隠されています。この小屋の裏側上部には、望遠レンズで見ないとわからないくらいの大きさで、「PARACHUTE

STORAGE（パラシュートストレージ）」と記されています。そしてよく見るとそこから伸びる黒い紐が小屋の四隅につながっています。これらから、この小屋は移動型の気象観測基地で、「パラシュートで自由に落下できるものであったこと」がわかります。そんな細かな設定にも驚きですが、この場所は、しっかり見ようとしないと絶対にわからない場所。まさかのそんなところにまでこだわっているのですね。

・実は壊れていない？　タワー・オブ・テラーの割れた窓

偶像の呪いでエレベーターが落下し、行方不明となってしまったハリソン・ハイタワー三世が主人公のアトラクション、「タワー・オブ・テラー」。１８９９年12月31日、謎の緑の稲妻の被害に遭い、その建物もガラスが割れ、柱が折れているようなところがあります。特に中央の大きく開いた窓部分を見ると、ボロボロになった窓や柱の様子を見ることができます。この爆発して吹き飛んだようになっている柱ですが、よく見ると実際に壊れているのではなく、「柱に描かれている絵」なのです。これは望遠レンズなどで確認しないとわからないくらいリアルなものです。

・パートナーズ像のうしろに刻まれている作者の名前

ディズニーランドに入ってまっすぐ進むと正面にある、ウォルト・ディズニーとミッキーマウスの銅像「パートナーズ像」。有名なスポットですが、あまり見ることのないうしろ側にご注目。銅像の右下、ウォルト・ディズニーの右足の下の部分の台座をよく見ると、「B.Gibson 1998（ブレイン・ギブソン）」と小さく刻まれています。ブレイン・ギブソンは、この銅像の作者。目立たないところに小さく彼のサインが入っているのです。彼は、ウォルト・ディズニー・カンパニーが同社に対し顕著な功績がある者に対して贈る「ディズニー・レジェンド」にも選ばれた彫刻家。夜はまったく見えなくなるので、ぜひ明るい時間にチェックしてみてください。

・古タイヤに刻まれた、誰も気がつかない配慮とこだわり

パーク内のアトラクションなどには、オフィシャルスポンサーがついていることがあります。多くのゲストが訪れるパークのなかで、企業のロゴが出せるというのは大きな魅力でもありますが、逆にいうと、公式スポンサー以外の商品名やロゴなどは基本的にパーク内には表示されていません。そんな話を踏まえて、ロストリバーデルタ

にある、ディズニーシー・トランジットスチーマーラインの船着き場にご注目。船が到着する場所、手前右側の河沿いには「廃タイヤ」がいくつかぶら下げられています。これは、船がここに当たったときの緩衝材の役割を持っています。

この廃タイヤ、望遠レンズでよく見てみると、タイヤの側面に「加工した跡」があるのです。一般的にタイヤは横にそのメーカー名が書かれていますが、このいくつかのタイヤは、黒いシールのようなものでメーカー名が隠されています。これは以前、タイヤメーカーの株式会社ブリヂストンが両パークの公式スポンサーであったためだと思われます。もちろんそれだけでなく、具体的なメーカー名を徹底して隠すことで、非現実の世界や当時の世界観を演出しているとも考えられます。細かすぎる配慮に本当に驚かされますよね。

D
memo

ここで、難易度の高い隠れミッキーをご紹介。美女と野獣〝魔法のものがたり〟のアトラクションが終わり、ライドが到着する部屋の左側の天井に雲の形をした隠れミッキーが。撮影してもいいアトラクションなので、見つけたら撮ってみてくださいね。

point 21

キャラクターひとりじめ、という天国時間

ディズニーリゾートといえば、やはり個性的なキャラクターが魅力のひとつ。ミッキーマウスをはじめとするさまざまなキャラクターに会うだけでも元気が出ますよね。ディズニーリゾートに欠かせない**キャラクターグリーティングですが、もちろんおひとりさまでも問題なく楽しめます**。まずはいくつかのグリーティングの特徴をおひとりさまの観点から改めてご紹介します。

【用意された施設でのグリーティング】

こちらはもともとグリーティング施設として用意されている、パークの決められた場所で行われるグリーティング。アトラクションのように並んで待つタイプのものですが、エントリー制（抽選）になることが増え、必ずしもその施設に入れる訳ではな

いのでご注意を。

・東京ディズニーランド

「ミッキーの家とミート・ミッキー」(ミッキーマウス)
「ミニーのスタイルスタジオ」(ミニーマウス)
「ウッドチャック・グリーティングトレイル」(ドナルドダック、デイジーダック)

※臨時的に「シアターオーリンズ(アドベンチャーランドのステージ)」「プラザパビリオン・バンドスタンド前(小ステージの前のスペース)」で実施されていることもあります。

・東京ディズニーシー

「"サルードス・アミーゴス!"グリーティングドック」(ダッフィー)
「ヴィレッジ・グリーティングプレイス」(シェリーメイ)
「ミッキー&フレンズ・グリーティングトレイル」(ミッキーマウス、ミニーマウス、

ドナルドダック）

※臨時的に「ドックサイドステージ」「マーメイドラグーンシアター」で実施されていることもあります。

このような用意された施設でのキャラクターグリーティングのいいところは、並び列にそのキャラクターを感じられる物が飾られていたり、建物自体がそのキャラクターをイメージさせるつくりになっていたりすること。キャラクターに会う前から、わくわくしますよね。

特にミニーのスタイルスタジオの並び列には、ミニーマウス以外のキャラクターにちなんだものがたくさん飾られています。たとえば、大きな作業台がある部屋の下にはスクルージ・マクダックのタキシードやマントの布など、さまざまなキャラクターの衣装に使われている布が置かれています。他にもキャラクターの衣装のカラーで探してみてくださいね。

【整列グリーティング】

ひとりで並んでいる方も非常に多いこちらは、ディズニーランドやシーのエントランスなどで行われる、「整列して行われるキャラクターグリーティング」のこと。実施時間があらかじめ決まっており、時間ごとにラインカット（並べなくなること）されます。季節限定のコスチュームや、雨の日だけの雨カッパ姿で登場することもあり、その場合はかなり人気で待ち時間も長くなります。

【フリーグリーティング】

時間も場所も未定で、突発的に行われるキャラクターグリーティングのこと。ディズニーランドではエントランス周辺や各エリア、ディズニーシーではアクアスフィアのまわり（ディズニーシー・プラザ）や各エリアで時間を定めず、サプライズ的に行われることが多いです。詳しくは次のpoint 22でご紹介します。

【キャラクターが登場するレストラン、ホテルのプランなど】

もうひとつのキャラクターグリーティングとしては、ディズニーアンバサダーホテルの「シェフミッキー」などのキャラクターが登場するレストランや、東京ディズニーランドホテルなどで行われるキャラクターが登場するダイニングプラン（セレブレーションダイニング&グリーティングプラン）があります。

こちらについては事前予約が必要なことがほとんどで、休日などの人気日は予約が取りにくくなっています。ただ、こちらはおひとりさまでというより、仲間同士や少人数で楽しむ雰囲気のものになっていますので、「おひとりさま仲間」で申し込むのがいいかもしれませんね。

こうした各種あるキャラクターグリーティング。一見すると、おひとりさまでの参加はなかなか難しいのでは……と考えがちだと思いますが、むしろ「最小単位」であるひとりのほうが、登場のタイミングですぐに動けたり、人混みの隙間に入り込むこともでき、グリーティングはしやすい状態になります。

また、複数人で来ているときは、まず絶対に無理な「ループ」が何度でもできるメリットがあります。また、ずっとその場所にいてもいいですし、**何よりおひとりさまの場合は、そのグリーティングの時間は「キャラクターをひとりじめ」できる**のです。

当然、キャラクターも自分だけを見てくれますし、実は「おひとりさまグリ」は満足度がかなり高いのです。

（キャラクターグリーティングの施設や場所、登場キャラクターは変更になる場合があります。事前に公式サイトなどで確認してください）

D
memo

「ミニーのスタイルスタジオ」の建物に入って最初の部屋、机のうしろには数々の受賞の証が飾られています。よく見ると飾られたロゼットのリボンがメジャーになっており、目盛りが32cm（ミニー）になっていたり……と、見所たくさん。ぜひ探してみてください。

point 22

キャラが登場する「合図」を知ろう

時間や場所が読みにくいフリーグリーティング。基本的に非公開であるため、いつどこで登場するかはわかりません。実はかなり詳しい方はその登場の時間やタイミング、場所もある程度知っていることもありますが、慣れないうちはそう簡単にはわかりません。

そこで、このフリーグリーティングの「登場タイミングの見極め方」ですが、基本的には「ショースケジュールの合間の時間帯」になります。他の場所で、キャラクターがショーなどに登場している間は、絶対に同パーク内に同じキャラクターが登場してくることはありません（ただし、屋内ショーはかぶる場合があります）。

さらに、キャラクターが登場するときには、必ずキャラキャップ（＝キャラクターキャプテンのこと。キャラクターを見守るキャスト）が一緒に登場します。

キャラキャップはそのキャラクターがいたずらをされたり、無理な要求などをされたりしないように見守り、また、時間のコントロールなどを行うためのキャストです。そのため**キャラクターが登場する前に、キャラキャップがその場所で周囲の安全確認をしてからキャラクターが登場することが多いです**。

キャラクターがよく登場する、前述のエリアにキャストが現れて周囲を確認した場合は、そのあとにキャラクターが登場する可能性が高いのです。

同行者といる場合は、なかなかそれを見極める時間もありません。しかし、おひとりさまならではのゆったりした時間の合間に、そうした観察をしてみるのもいいかもしれませんね。

D
memo

フリーグリーティングは他のゲストが多いと、なかなか自分の順番にならないことがあります。そんなときは積極的に他のゲストの撮影を手伝ってあげること。キャラクターはそういう動きをしっかり見てくれているので、お手伝いをしたゲストを指名してくれることが多くあります。

point 23

ひとりならショーやパレードも特等席で

明るく賑やかで、元気なキャラクターが活躍するショーやパレード。それだけでなくクオリティーの高い生演奏やレビューショー、アクロバティックな動きや華やかなコスチュームに魅せられる……。

もちろんショーやパレードはひとりで観ても大勢で観ても楽しいものですが、実は「ひとりのほうが気楽にじっくり観られるメリット」がたくさんあるのです。

それは**ひとりなら「ショーやパレードのひとり分の隙間」に入ることができる**からなのです。

ショーのパターンとしては、「ステージで行われるもの」の他に、ディズニーランドでは「パレード」、ディズニーシーでは「海全体を使ったショー」など、そのエンターテイメントの幅は非常に多岐にわたります。

さらにショーの座席や、特定のエリアだけ抽選であったり、先着順であったり……とさまざまなパターンで行われます。

基本的にショーやパレードを待つとき、早い方は数時間前から待っています。遅くても30分から1時間前には来て待つのが、いい場所で観るコツです。

しかし、「奇数」のグループが固まっていた場合、そこにひとり分の隙間ができたり、最前列を取っていた方が用事などで抜けて、ひとり分だけ空いてしまった場合、待っているのが2人以上のグループだと、実質入ることができません。

空席のままショーがスタートしてしまうこともあるのですが、ショーをコントロールするキャストも、できるだけ効率的に多くのゲストに観てもらいたいと考えているので、たとえばショー開始直前になって、ひとり分のスペースが空いている場合、おひとりさまをそこに積極的に案内してくれることもあります。

あとから来てそんないい場所にひとりだけ入るのはちょっと気が引ける……。そう思うかもしれませんが、まったく気にする必要はありません。

逆にそうしたいい場所を確保して観ようとする方は、おひとりさまであったり、濃いマニアの方であることが多いので、それは特別なことではありません。**そうした場所を見つけた場合は、遠慮せずキャストに聞いてみてくださいね**。

D

memo

ショーやパレードを待って観る場合、大切なのはまわりの方への気くばり。仲よく友達になるということではなく、あとから前に入る場合などは、軽く会釈するなど、先に待っている方に対する配慮も忘れないようにしましょう。

point 24

「Dヲタの動き」に注目すると見えてくるもの

それではショーやパレード、キャラクターが好きな方が、ひとりディズニーデビューをすると想定してみましょう。まずは、ショーやパレードを観る場所を確保するところから考えると思います。

もちろん、時間的余裕があれば、かなり前から座って待つことも可能ですが、実際はいい場所で座って待ってみようと思っても、いい場所がどこなのか、なかなかわからないものです。

そんなとき参考にしてほしいのは、いわゆる「ディズニーヲタク（Dヲタ）」のポジション取り。いうまでもなく、やはりミッキーマウスがキャラクターとしてはダントツ人気ではありますが、ミニーマウスや、ドナルドダック、デイジーダック、グーフィー、チップ＆デール、プルートなど、それぞれのキャラクターにそれぞれの「D

ヲタ」がたくさん存在しています。

ショーやパレードを待つとき、このような方々は開始時間よりかなり前からそのポジション取りをして待っています。

ポイントは、「この方たちがいる場所をねらう」こと。今はSNSなどでリアルタイムにショーの状況が伝わる時代。ショーやパレードなどのイベント初日、さらに初回のあとには、すぐにそのポジション取りについての情報共有がされ、詳しい方たちは寸分違わぬ位置でポジション取りをしていることが多いのです。慣れない場合は、この方々の動きをチェックすること。

ちなみに、そんなマニアの方たちの推しキャラクターの見分け方としていちばんわかりやすいのは、「身につけているグッズ」。**それなりに早い時間から特定の場所で待つマニアの方は、「何かしらの明確な目的を持って待っていること」**がほとんど。

そのため、そのキャラクターの濃いマニアであることが多く、ミッキーマウスはわかりやすいですが、たとえばグーフィーであったり、チップ&デールであったり、「メジャーでありながらもややマイナー」なキャラクターのファンの方は、身につけているものや、ぬいば（ぬいぐるみバッチ）、バッグなどから察することが可能です。

また、最近は高性能カメラで動画や写真撮影をされる方も多いので、そうした方は逆光や背景などにも気をつかって「非常に観やすいポイント」で早い時間から待っていることもあります。**こうした方々のポジション取りを参考に決めてみるのもよいでしょう**。

D
memo

濃いDヲタの方々は、「ひとつの目的」に絞ってパークに来ることが多くあります。普段人がいない時間・場所で待機している場合は、「これからそこで何かが始まる」ということもあるので、そんな方々の様子を追ってみると思わぬラッキーに出会えることも。

point 25

静かに隠れたキャラクター

賑やかなキャラクターや原色の明るい世界が広がるディズニーランド。それに比べて落ち着いた風景やシックな色使いで実際の街並みなどが再現されたディズニーシー。

同じディズニーでありながら、それぞれ別の個性的な風景が広がる2つのパーク。同じであって同じではない、そんなところもそれぞれのパークの魅力です。しかし、ゲストを楽しませてくれるための細かな配慮がされているのは2つのパークとも同じ。ショーやアトラクションだけでなく、街並みにも細かなこだわりが隠れています。

みなさんもご存じの通り、隠れミッキーや、隠れキャラクターなどがパークのあちこちに潜んでいます。また、そうしたものはそのまわりの風景や雰囲気になじむように上手く隠されていることもあります。

名　称	場所と解説
VIA GRILLO SAGGIO ジミニークリケット通り	ミラコスタ通りの下にあるショップ「フィガロズ・クロージアー」海側出口から、運河のパラッツオ・カナルへ抜ける通りのこと。
PIAZZA TOPOLINO ミッキー広場	パークに入って正面、火山が真正面に見える、ショーが行われる広場。意外と知られていないが、実は北と南に分かれている。
PASSAGGIO MINNI ミニー通り	「ヴェネツィアン・カーニバル・マーケット」と「ヴィラ・ドナルド・ホームショップ」の間にある通り。ゴンドラ乗り場の目の前にある通路です。
CALLE PIPPO グーフィー小道	ショップ「ベッラ・ミンニ・コレクション」の右横にある階段と通路。その先を抜けると、VIA PAPERINO（ドナルド通り）に。
VIA PAPERINO ドナルド通り	「イル・ポスティーノ・ステーショナリー」と「ザンビーニ・ブラザーズ・リストランテ」の間の坂。

そんななかのひとつが**ディズニーシーの街並みに隠れたディズニーキャラクター**。ここでは目立たずに、静かに潜ませているところをご紹介。

メディテレーニアンハーバーには、さまざまな通路や通りがありますが、その多くに名前がつけられています。

ちなみに上記の「道」や「通り」を指す言葉ですが、「VIA」は道、「PASSAGGIO」は通路、「CALLE」は小道、とそれぞれ微妙にニュアンスが異なっています。

また、これらの通りがある中心、ミッキー広場の海沿いには、港らしくさまざまな漁具があり、船が停泊しています。そんなこだわりが見られる美しい風景ですが、実はここにも静かに隠れたキャラクターが存在します。それはドナルドダックの甥っ子である、ヒューイ、デューイ、ルーイ。

一見するとどこにも見えないのですが、この正面の港に停泊している船に記された名前、いちばん左の青と赤の船には「QUI」、その右隣付近にある赤と白の船が「QUO」、そしていちばん右側にある緑の船が「QUA」と記されています。これは実はそれぞれがイタリア語でヒューイ、デューイ、ルーイを表しているのです。

美しい風景や建物の見せ方にもこだわりがあるパーク。原色の**アニメキャラクターを堂々と出さないことで、その風景や世界観を保っているのですね**。

場所は変わってディズニーランドの、**ファンタジーランドの美女と野獣エリアのトイレにご注目**。このトイレはただの建物ではなく、「馬小屋」を模したつくりになっています。よく見ると、外には「馬に乗るときの鞍」や、水飲み場の下には「馬をつなぎ止めておくための丸い金具」、小屋には「馬が顔を出すための扉」があります。また、「トイレの案内看板も蹄鉄になっている」など、非常に凝っています。

馬の名前	説明	登場作品
HORACE（ホーレス・ホースカラー）	クララベル・カウとよくコンビを組んでいる馬	ミッキーの畑仕事
PHILIPPE（フィリップ）	ベルとモーリスの家で飼われている馬	美女と野獣
ANGUS（アンガス）	メリダの愛馬	メリダとおそろしの森
ACHILLES（アキレス）	フィーバスの愛馬	ノートルダムの鐘
FROU-FROU（フルー・フルー）	ボンファミーユ夫人の愛馬	おしゃれキャット
KHAN（カーン）	ムーランの愛馬	ムーラン

さらに、トイレ内部の個室は空いているときは「馬の顔のプレートが見えて空いている」ところがわかる形」になっており、利便性もしっかり考えられています。そんなトイレですが、ここにはまさかの「ディズニー映画のキャラクターが集合している」のです。

このトイレの入り口には「馬の蹄鉄」が壁にいくつか並んでいるのですが、実はここに記された文字は、上の表のようにディズニー映画に登場する馬のキャラクターの名前なのです。

また、**ディズニーランドには「あの３人組」が思わぬところに隠れています**。３人組とは、ファンタジーランドにある「ホーンテッドマンション」のアトラクション後半で、ライドに勝手に乗り込んでくる「ヒッチハイクゴースト」のこと。この3人組、姿を変えていろいろなエリアに潜んでいます。

まずは、トゥモローランドの「スター・ツアーズ：ザ・アドベンチャーズ・コンティニュー」に入って、しばらく進んだ進行方向右側の途中。ここにはヒッチハイクゴーストと同じ形、同じ動きをする3台のドロイド（ロボット）がいます。

同じくトゥモローランドにあるレストラン、「プラズマ・レイズ・ダイナー」に張られたオレンジ色のポスター。宇宙人3人が食事をしている場面が描かれているのですが、絵の後方に、3台のドロイドが揃って座っている様子が……。さらに、3人組はしっかりとお決まりのポーズの親指を立てています。

そして、シンデレラ城前のパレードルートを周遊する二階建てバス「オムニバス」の車体の横にあるポスターにもこの3人組は見られます。

ホーンテッドマンションを飛び出して、あちこちに隠れているのですね。

そして、まさかの**パークの外にもキャラクターが姿を変えて潜んでいます**。場所は、ディズニーシー・ホテルミラコスタ側の入り口のゲート横にあるショップ「パークウェイギフト・ノース」。この左脇の壁には、小さな白いプレートが張られています。そしてここには浅く彫り込まれた文字で、「QVI E VISSVTO CARLO COLLODI E PINNOCHIO」と書かれています。これはイタリア語で「カルロ・コッローディとピノキオはここに住んでいた」という意味。カルロ・コッローディは『ピノキオ』の原作者で、彼はイタリアのトスカーナ地方の出身。ホテルミラコスタの「トスカーナサイド」はイタリアのトスカーナ地方の街並みが再現されています。ここはピノキオのゆかりの地でもあるのですね。

ディズニーリゾートにひっそりと隠れたキャラクターたち。ぜひ見つけに行ってみてください。

D
memo

メディテレーニアンハーバーに浮かんでいる白地に青い線が入った船の名前はSTROMBOLI（ストロンボリ）。これは映画『ピノキオ』に登場する、人形劇団の親方の名前です。また、ファンタジーランドにある「ストロンボリズ・ワゴン」も彼の名前がついた移動式劇場型のショップです。

point 26

ひとり向きのアトラクションと向かないアトラクション

ご紹介してきたように、なんとなくひとりディズニーの魅力もわかってきたし、「それじゃあ、いよいよひとりディズニーデビューをしてみようかな？」と思ったときに、まずパークに行ったら何をしようか……と考えますよね。

一般的にひとりディズニーをする方は、パークの雰囲気に浸ったり、ショーやパレードをゆっくり見たいという方が多い傾向にあると思います。ひとりでアトラクションに乗るのは、まわりの目も気になるし、ハードルが高いかなと思うかもしれません。

しかし、**おひとりさまだからこそ、じっくり楽しんでほしいのがアトラクション**。

もちろんひとりでアトラクションを楽しみに来ているという方もたくさんいますし、ひとりだからこそアトラクションの魅力をじっくり味わうことができるともいえます。

そうはいっても、おひとりさまが「体験しやすいアトラクション」と、「そうではないアトラクション」がありますので、両方のアトラクションの特徴をご紹介します。

ここではあえて「体験しにくい」という表現を使いますが、実際はどんなアトラクションも、ひとりで十分楽しめるもの。**実際は意外と他の人はまわりを見ていないものです。自分が楽しむことが目的のひとりディズニー。最終的には楽しんだもの勝ち！**

なんですよね。

【ディズニーランド】

《体験しやすいアトラクション》

・美女と野獣〝魔法のものがたり〟

ひとつのライドは10人乗りで、それが６台ワンセットで出発するため、一度の乗車人数が多く、おひとりさまでも目立ちません。

・シンデレラのフェアリーテイル・ホール

ウォークスルータイプのアトラクションで、まわりをほとんど気にすることなく、シンデレラ城の城内でシンデレラの物語にゆったりと浸れます。

・ミッキーのフィルハーマジック

シアター形式ですが、劇場が開場するまでは特に決まった場所で待つわけでもなく、案内が開始すると列がない状態で座席まで行くことになります。さらに座ってしまえばまわりからの視線も気にすることなく、楽しめる場所といえます。

《体験しにくいアトラクション》

・ベイマックスのハッピーライド

2人乗りのライドは、まわりからよく見られる位置にあるため、ひとりで乗っているとちょっと目立ってしまう状況に。上級者向きといえるかも。

・空飛ぶダンボ

回転率が悪いアトラクションで、規模の割に待ち時間が長くなります。お子さま向けアトラクションであるため、まわりが家族やカップルしかいないケースが多く、ちょっとハードルが高いかも。

【ディズニーシー】

《体験しやすいアトラクション》

・ニモ&フレンズ・シーライダー

ライドの乗車直前までは、列は比較的自由な状況で、乗車中も場内が暗いため、あまりまわりを気にしないで済みます。

・フォートレス・エクスプロレーション

ウォークスルータイプのアトラクションで、好きな時間に好きなだけゆっくり探索ができます。じっくりまわるとかなり時間もかかるので、時間に余裕がある、おひとりさまに最適といえるかも。

・シンドバッド・ストーリーブック・ヴォヤッジ

特におすすめしたいのは朝早くや、閉園時間近くなどの空いている時間。比較的いつでも空いているアトラクションですが、あえてさらに空いている時間を選ぶことで、タイミングが合えば「一艘貸し切り」になることも。ひとりでひとつの船に乗って、音楽に合わせて歌う……なんてこともできます。実はこれ、結構おひとりさまの定番だったりします。

《体験しにくいアトラクション》

・ワールプール

まわりや上部からも見られる位置にあるアトラクション。ただ、屋内で暗いのであまり気にしなくても大丈夫かも。

・アクアトピア

まわりからも見えやすい位置にあり、3人乗りのライドなのでひとりだと気になるかもしれません。逆に、奥の東京湾側であればまわりから見られることはないのでおすすめ。

また、ひとり分の隙間ができた場合、ひとり専用レーンに並んでいた人を案内して出発させる、シングルライダーというシステムがあります。

シングルライダーは対象のアトラクションと、そうでないアトラクションがあり、さらに実施していない場合もあります。その実施可否については公式サイトなどではリアルタイムに出ていませんので、現地で確認をする必要があります。

また、新型コロナウイルス感染予防のため、今後はその制度や仕組みに変更がある可能性もありますが、その名の通り、このシングルライダーはおひとりさまにとってはかなり有効な手段。

ただ、この制度はメリットとデメリットがあり、おすすめしにくい場合もありますので、次ページの両パーク別の対象アトラクション一覧を参考にしてみてください。

シングルライダーを利用すれば、混雑時でも運がよければ人気アトラクションに数

シングルライダー対象アトラクション

ディズニーランド	
美女と野獣 “魔法のものがたり”	定員と人数が多いため、ひとりでも目立たず乗りやすい。
スプラッシュ・マウンテン	シングルライダーではいちばんおすすめできないアトラクション。アトラクション自体が長めの約10分、仕切りも何もなく、深い座席に座って隣の人と接近した状態でしばらくいなければならない。
ビッグサンダー・マウンテン	安全バーが隣の人と一緒に使うタイプなので、少し気を使うかも。スリリングなアトラクションなので、始まってしまえば気になりません。

※「美女と野獣“魔法のものがたり”」のシングルライダー正式運用はまだですが、施設内にシングルライダー表記があるため記載。

ディズニーシー	
インディ・ジョーンズ®・アドベンチャー：クリスタルスカルの魔宮	一度の乗車定員が多く、走行中は暗闇が多くてまわりが気にならないのでおすすめ。ただ、乗り場まで遠いので待ち時間が読みにくい特徴も。
レイジングスピリッツ	約1分30秒と短く、さらに太い安全バーが顔の左右に降りてくるため、隣の人や前後の人があまり見えない状態。気を使う必要がなくおすすめ。

分で乗れることもあります。
ひとりでアトラクションに乗る第一歩として、これらのアトラクションの特徴をぜひ参考にしてみてくださいね。

D
memo

魔法使いによって強力な呪いをかけられた美女と野獣の城は、正面から見ると紫色のような不気味な外観です。しかし、アトラクションを終えたあとは、魔法が解かれた状態なので出口周辺の壁の色が、城の入り口と異なっています。魔
つい足早に通り過ぎてしまう場所ですが、そんなところにも注目です。

point 27

アトラクションは「待ち時間」のほうがおもしろい

みなさんはアトラクションの待ち時間、何をして過ごしていますか？　誰かと一緒に行けば、おしゃべりをしていることが多いのではないでしょうか？　また、ひとりの場合でもアトラクションの待ち時間や、ショーの公演時間を確認したりして、時間をつぶしている方がほとんどだと思います。

実はそれ、すごくもったいないのです。**アトラクションに並ぶ列には、待ち時間から楽しめるような工夫があちこちに散らばっていて、並んでいるときからアトラクションは始まっているのです**。ここでは、そんなアトラクションの待ち時間も楽しめる工夫をお伝えします。

「ベイマックスのハッピーライド」

新ファンタジーランドとともにオープンした施設で、世界中のディズニーテーマパークで初めて、映画『ベイマックス』をテーマにしたアトラクションです。

・運動でテンションMAX

アトラクション待ちに並ぶ列には、ヒロとベイマックスのイラストとともにおすすめの運動が描かれたボードが並んでいます。ノリのいい音楽に合わせて、そんな動きをしてみるのもおもしろいかも。

・途中にある手形にはヒロとベイマックス、モチの肉球も！

主人公のヒロとベイマックス、そして猫のモチの手形も見られます。そしてその横にはヒロからゲストに向けたメッセージが書かれています。メッセージは以下の通り。

「ベイマックスには　人を助けたいという　兄さんの思いがつまっています。このライドは　僕の神経伝達物質の数値を高め　幸せと健康を　運んでくれました。

あなたの気分を高める　ハッピーライド！　友だちや家族と一緒に　体験してみませんか？　たくさんの人を助けたいという　兄さんの思いを胸に　このライドをお届けします。　ぜひ楽しんでください。　よろしく！　HIRO HAMADA Tech Inventor」

このアトラクションは映画の続きのようなストーリーになっています。スタンバイ列の途中にはケア・ロボットの心臓部でもあるヘルスケアチップや、ケア・ロボットの充電ケース、空気漏れのときの緊急対応用の感圧粘着テープも置かれています。

「ソアリン：ファンタスティック・フライト」

２０１９年7月23日、ディズニーシーに久しぶりに登場した、大型新アトラクション。その人気はディズニーシーではナンバーワンを誇っています。

・入り口上のロゴマークは「ちょうど真ん中に日本」がある

アトラクションの入り口上にある「SOARING」の大きなロゴタイトルにご注目。ロゴの文字の背景は世界地図になっていて、ロゴ中央の「A」と「R」の間、ちょうど真ん中に、「日本」が来るようになっています。ちなみに海外のソアリンでは、そのパークがある国が中心に来るようになっています。入り口の奥側の地図では、このアトラクションの舞台となっているイタリアが中心となっています。

・建物に刻まれている空に関するギリシャ神話の神々や登場人物

アトラクションのシンボルになっている青いドーム。この真下には4枚の壁画があり、それぞれ空に関する神話の神々や登場人物が刻まれています。

・いちばん右側……太陽神「へーリオス」空を翔ける4頭の馬車が特徴
・エントランス正面……勝利の女神「ニケ」翼のある女性の姿です
・正面左側隣……「イーカロスとダイダロスの親子」ロウでつくった翼で太陽に向かって飛んでいます
・いちばん左側……「ペガソス」伝説の生物で、翼を持った空を飛べる馬です

・入り口に刻まれた博物館の記念すべきスタートの日

正面の青いドーム状の建物のいちばん下には白い「礎石」のようなものがあります。左側には「CELINO FALCO MDCCCXV」、右側には「DEDICATO ALLO SPIRITO DEL VOLO」と書かれています。これは「チェリーノ・ファルコ 1815年 飛行への想いを捧げる」という意味。このチェリーノ・ファルコは、このアトラクションの主人公である、カメリア・ファルコの父。そして、この博物館の創設者です。

待ち時間もじっくりと楽しめるのもひとりディズニーの魅力ですので、ぜひ堪能してみてください！

D
memo

アトラクションに並ぶ列には登場人物の特徴が表されているものも多くあります。たとえば、ネモ船長はかなりのヘビースモーカー。「センター・オブ・ジ・アース」に入ってテラベーターに乗る前に吸いかけの葉巻が2カ所、「海底2万マイル」にも1カ所あります。

point 28
出口に書かれたメッセージまでがアトラクション

おひとりさまの場合には、アトラクションに乗りまくる！　というイメージはあまり多くないと思いますが、**「一度のアトラクション体験」を普段の数倍も楽しむことができる方法**があります。

それはアトラクションの物語を知ること。

一般的な遊園地などの乗り物の場合は、「その乗り物自体を楽しむ」ことがほとんどです。しかし、**ディズニーリゾートがそれらと決定的に異なるのは、「その前後にアトラクションのストーリー」があること**。これはＢＧＳ（バックグラウンドストーリー）と称されます。

ＢＧＳはすべてのアトラクションごとにオリジナルの物語として存在しています。ディズニーリゾートの公式サイトやそのアトラクションの説明などを見ると、概略は

アトラクション出口に刻まれた言葉（一例）

最後にあるメッセージ	アトラクション名	会社名
Stay Tuned for Adventure アドベンチャーに終わりはない	インディ・ジョーンズ®・アドベンチャー：クリスタルスカルの魔宮	Panasonic
WE BRING YOU AN OCEAN OF KNOWLEDGE （あなたに知識の海を提供します）	タートル・トーク	株式会社講談社
Capture the Magic 一瞬を永遠に変えるマジック	マジックランプシアター	富士フイルム株式会社
LIFE IS AN ASTOUNDING JOURNEY 人生は素晴らしき冒険旅行	センター・オブ・ジ・アース	第一生命保険株式会社
QUENCH YOUR THIRST FOR KNOWLEDGE... （知識欲に対する渇きを潤そう）	海底2万マイル	日本コカ・コーラ株式会社

わかるようになっていますが、「細かな部分はあえて載せられていない」のも特徴のひとつ。

これは「細かな物語」や「こだわり」をアトラクション内外に張り巡らせることで、「何度来ても新鮮な感動をすることができるように配慮されているから」なのです。

特に同行者がいる場合はじっくりとそうしたものを見る時間や気持ちの余裕がないもの。まわりを気にせず、アトラクション内外のこだわりを探すことができるところもおひとりさまの魅力なのです。

たとえばアトラクションの出口に

書かれたメッセージ。仲間と来ているときは乗り終えたらさっさと出口に向かってしまいますが、それぞれのアトラクションの物語に深く関係した言葉が刻まれているのです。

しかもこれらにはオフィシャルスポンサーに関連するキーワードが入っています。しかし、そこはさすがディズニー。その会社名を、アトラクションの物語に上手く同調させて、あからさまな宣伝にはならないようにしているのです。

このメッセージは他のたくさんのアトラクションにもあります。出口で人の流れの多いなかだと大勢で立ち止まるのはちょっとたいへん。おひとりさまならそんなところもじっくり確認できるメリットもあります。

D memo

メッセージは並び列にあることも。スター・ツアーズ：ザ・アドベンチャーズ・コンティニューはスポンサーがＪＣＢで「最高に幸せな銀河の旅にいってらっしゃい！」と英語、銀河標準語オーラベッシュ、日本語で書かれています。

point 29

スポンサーが物語を深めてくれるアトラクション

パークのアトラクションやレストラン、ショップなどについているオフィシャルスポンサー。先ほどご紹介した通り、基本的にはその企業の名前がパーク内に全面的に出てくることはあまりありません。やはりいくらスポンサーであっても、ディズニーとして、アトラクションなどのイメージを大切にする必要があるからでしょう。

しかし、なかには**あまり目立ちませんが、実は「アトラクションの物語に深くかかわっているスポンサー」もあります**。

たとえば、ディズニーシーの「ソアリン：ファンタスティック・フライト」。**このアトラクションのスポンサーは「新菱冷熱工業株式会社」という、空調機器のメーカー**。

アトラクション建物に入ると、この建物の設定である、博物館の受付カウンターがあり、カウンターの右後方に貼られた証明書には「この館内の空調は検査要件を満たした新菱冷熱が行っている」と書かれており、同社のロゴマークと名前が入っています。ただし、かなり小さい文字で書かれており、全部イタリア語なので解読はなかなか困難です。

ソアリンの時代設定は1901年なので、同社が存在していたわけではありませんが、スポンサーが静かにかかわっているのは非常におもしろいですよね。

また、ロストリバーデルタの「インディ・ジョーンズ®・アドベンチャー：クリスタルスカルの魔宮」は、電機メーカーの「Panasonic」が提供しています。こちらは、アトラクション待ちに並ぶ列の途中に、「National（Panasonic の旧称）」の電球があったり、列右側にあるインディ・ジョーンズ博士の机の上に、パナソニックが松下電器時代に出した国産ラジオ第一号が置かれているなど、相当凝っています。

また、机の上にある新聞には、松下電器産業の創設者「松下幸之助」氏の写真が載っています。この新聞記事を見るとインディ・ジョーンズ博士の研究に対し、松下氏が物資の支援などを行ったということが次ページのように細かく書かれています。

「松下電器　密林探険隊にラヂオや電気器具を提供

松下電器が密林探険隊に必要な電気器具類を提供する事となつた。深ひ密林に覆はれた水晶髑髏の魔宮に空中から物資を届ける事は非常に困難である為、魔宮の近くを流れるロストリバーを利用して船による輸送が行なはれた。

生い茂つた密林、じめじめとした暑さ、熱病、突然のスコール、或ひは毒蛇やワニ、豹などといつた野生動物が輸送時の障害となつたものの、社長の松下幸之助氏が監督として直々に現地へと赴き、物資の引き渡しは無事に終了した。」

ここで興味深いのは、松下氏の著書を見ると、経営は見えないものを見えるようにすることが大切で、そのためには自分でわかるまで考え、現場に出ることが必要という趣旨のことをいっていること。

この発掘現場は密林のジャングルで危険が伴う場所。この言葉の通り、松下氏は自ら現場に乗り込んで、インディ・ジョーンズ博士に直接物資を届けたということになるのですね。こんなところにまで深く物語とエピソードを絡めているとは驚きです。

さらに、同アトラクションの乗り場周辺には、「National」と記された機械がいくつも置かれており、お隣のレストラン「ユカタン・ベースキャンプ・グリル」の建物入り口左側奥には、「TO INDIANA JONES（インディ・ジョーンズ博士へ）」と書かれた荷物があります。

ここにはそれ以外のことは何も記されていませんが、ひょっとしたらこれも松下氏からインディ・ジョーンズ博士への提供された物資なのかもしれない……そんなふうに想像するのもおもしろいですよね。

こうした何気ないスポンサーとのかかわり。もちろんすべてがここまで細かくかかわっている訳ではありませんが、そんなつながりを探してみるのもおすすめです。

D
memo

スポンサーの公式サイトには提供しているものが紹介されていることも。たとえば「カントリーベア・シアター」。提供のハウス食品株式会社の公式サイトには、シアターに登場するクマのプロフィールが載っています。

point 30

意外な事実!? キャストは何が起こるか「知らない」

ご紹介してきた通り、乗る以外にもいろいろな楽しみ方ができるアトラクション。実は「ちょっと変わった視点」から見てみると、もともと人気のアトラクションでも、さらにおもしろくなります。

それは意外な事実。**アトラクションのキャストは、「そのアトラクションの物語を知らない」**ということ。

おそらくほとんどの方が「いや、絶対そんなはずはない！」とお思いですよね。さて、それはどういうことなのか……？

ディズニーシーの3つの人気アトラクションについて解説していきます。

・ソアリン：ファンタスティック・フライト

こちらのアトラクションのキャストは「S.E.A（Society of Explorers and Adventurers）」と称される、「探検家・冒険家学会」の職員という設定。そしてゲストは、「ファンタスティック・フライト・ミュージアム」で行われている、主人公の女性、カメリア・ファルコの生誕100周年特別展に参加します。そこで特別展の目玉として夜のテラスに置かれている「ドリームフライヤー」に座らせてもらい、空を飛ぶことができます。しかし、ゲストは、自分自身とカメリア・ファルコのインスピレーションやイマジネーションの力で空を飛んでいるので、実はキャストは知らないという設定なのです。

・タワー・オブ・テラー

このアトラクションのキャストは、ホテルツアーを主催している「ニューヨーク市保存協会」の人間という設定。そもそもこのホテルツアーは、資産的価値の高い、閉鎖されていたホテルを見学するという内容なので、呪いの偶像、シリキ・ウトゥンドゥが消えてしまうことや、ゲストの乗ったエレベーターが落下させられることを、キャストは知らない設定になっているのです。そのため偶像が消えてしまう部屋にゲストを入れたあと、キャストは部屋から退出し、偶像が消えたあとにまた現れるという形になっています。

・センター・オブ・ジ・アース

こちらのアトラクションは、謎の天才科学者ネモ船長によって明かされた地底世界を探検している最中に、突然火山性の震動が発生し、地底走行車が予定された道から外れて噴火とともに吹き上げられてしまう、という物語。同アトラクションのキャストは「クルー」という呼ばれ方をしますが、こちらも同様に、予定通りの道から外れてしまうことや、溶岩の怪物（ラーヴァモンスター）に出会うこと、火山から吹き飛ばされてしまうこ

とは知らない設定になっています。

このように、それぞれのアトラクションのキャストは、これから起こることを知らないという設定になっているため「まぁ、私たちもこの先何が起こるかは知らないんですけどね」といったように、その役になりきってトークやリアクションをしてくれるキャストもいます。**ちょっと時間があるときは、思わぬアドリブや物語に応じた話が聞けるかもしれません。**

ちなみにつけ加えておきますが、もちろんそこはディズニーリゾートのキャスト。実際には何が起こるかすべてわかっていますし、緊急時の対応などについてもしっかり教えてくれますので、困ったときは遠慮なく聞いてみましょう。

D
memo

センター・オブ・ジ・アースで以前行われていた無料のツアー、「マグマサンクタムツアー」では、並び列の途中にあるガラス張りの研究室のなかのタマゴの化石を見て、クルーが「誰も見たことがない、こんな大きな生物が地底にいる訳ないんですけどね！」など、その設定で話をしてくれるこだわりも。

point 31

最近のパークは「おひとりごはん」にやさしいのです

近年では、「ひとりディズニー需要」をパーク側が十分認識しており、おひとりさまでも過ごしやすい環境が整ってきています。

特に、わかりやすいのはレストランのおひとりさま用シート。これまでは2人席や4人席が主流であったレストランの座席ですが、**近年はおひとりさまでもまわりの視線を気にせず楽しめる、「カウンタータイプの座席」が用意されることが多くなってきています**。

・プラズマ・レイズ・ダイナー

２０１７年3月にリニューアルした、ディズニーランドのトゥモローランドにあるレストラン。ここは改修時に、今まではなかった「カウンター座席」、いわゆるラーメン屋のようなカウンター型の座席が用意されました。また、半屋外にあるテラス席にも、同じようなカウンター座席が用意されています。

特にその半屋外のカウンター座席では、上半分が空いたガラスの壁になっており、パレードが行われているときは、そこからパレードを眺めながら食事ができるようになっています。

・ラ・タベルヌ・ド・ガストン

美女と野獣エリアにオープンしたレストラン。映画『美女と野獣』に登場するガストンの酒場がモチーフです。ここはカウンター座席もあり、酒場の雰囲気を味わうことができますので、ひとりでのお食事におすすめ。

・ドックサイドダイナー

ディズニーシーのアメリカンウォーターフロントにあった「セイリングデイ・ブッフェ」という、時間制のブッフェレストランは「ドックサイドダイナー」という、ファーストフード系のレストランになりました。ここもひとりでも利用しやすいカウンター座席が新たに設置されています。

・ニューヨーク・デリ

ディズニーシーのアメリカンウォーターフロントにあるサンドウィッチ屋さん。ここにもカウンター座席が用意されており、座席数も多くひとりでも気軽に入りやすいお店です。また、ここは隣接するフォトスタジオや、テーラーショップなどの店主たちが店をダイニングエリアとして提供してくれている設定なので、雰囲気の異なるいろいろなダイニングで食事をすることができます。

こちらで紹介したレストランは軽食なども扱っているので、各レストランで少しずつ食べて、はしごするのもおすすめ。いろいろな場所で食事ができるのはディズニーリゾートの楽しみ方のひとつですよね。

また、昔に比べて、こうしたレストランでは**「紙容器」で提供されることが増え、そのままテイクアウトして外でも食べられるようになりました**。パレードやショー待ちのときに、またはお気に入りのベンチなどで、パーク内のいろいろなレストランの食事が楽しめます。

「ひとりディズニー」でハードルが高いイメージのある「食事」。しかし、このようにパークもおひとりさまの立場と需要を認知してきており、今後もこうしたスタイルは増えると思われますので、おひとりさまにはますます強い味方になるといえるでしょう。

D

memo

おひとりさまの食事の強い味方になるのがチャックつきビニール袋。余ったポップコーンや、食べきれなかったポテトなどを一時的に保管しておくのに便利です。できるだけ早めに食べる必要がありますが、アトラクションに乗る前などに慌てて全部食べる……そんなこともなくなります。

point 32

自分へのご褒美に、ドレスいらずの豪華ごはん

ひとりディズニーでは、手頃な価格帯のレストランや、食べ歩きフードなどでリーズナブルに済ませることができるのも魅力のひとつですよね。

しかし、**たまには自分へのご褒美に、ちょっと豪華なお食事を楽しんでみてはいかがでしょうか？**

お高めのレストランは、正直ひとりだと入りにくい……なんて感じる方もいらっしゃると思います。ただ、これまでにもお話しした通り、パーク内で**おひとりさまでゆっくり食事をされる方もたくさんいますし、それはけっして珍しいことではありません。**ここでは、おひとりさまでも利用しやすい、贅沢気分に浸ることができるレストランをご紹介します。

【ディズニーランド】

・ブルーバイユー・レストラン

ご存じ、アドベンチャーランドのアトラクション「カリブの海賊」のボートから見えるレストラン。静かな夜の庭園でフレンチスタイルのコース料理を味わうことができます。

店内もかなり暗く、おひとりさまでも気兼ねなく、ゆっくりと過ごせます。食事中に見える星空やホタルの光に癒されてくださいね。

【ディズニーシー】

・マゼランズ

プロメテウス火山の前の要塞のなかにあるレストラン。落ち着いた重厚な雰囲気で食事が楽しめます。さらに、本棚の奥に隠された秘密の部屋、「ワインセラーダイニング」もあり、利用時に空いていれば入れてもらえることも。外界から遮断された雰囲気がおひとりさまでじっくり楽しむには最適です。

・S.S.コロンビア・ダイニングルーム

豪華客船、S.S.コロンビア号の1等客室専用のレストランという設定で、高級感溢れる内装のなかでコース料理が味わえます。コース料理の料金の幅が広く(3,000~8,000円台)、好みに合わせてチョイスしやすいのが特徴。また、座る席によっては、アメリカンウォーターフロントや東京湾を眺めることができます。

・リストランテ・ディ・カナレット

メディテレーニアンハーバーの運河沿いにあるイタリアンレストラン。店内にはヴェネツィアの美しい絵画が飾られています。テラス席からはヴェネツィアン・ゴンドラを眺めることができ、異国情緒漂うレストランです。ひとりでのんびりと、ヴェネツィア旅行気分に浸ることができます。

パーク内の他のレストランと比べると少しお高めですが、特にドレスコードもありませんので気軽に楽しんでくださいね。

（事前予約が必要なレストランは公式サイトで事前に確認してください）

D
memo

パーク内だけでなく、ディズニーホテルのレストランもおすすめ。高いイメージのあるホテルのレストランですが、平日のランチ時間帯限定のリーズナブルなメニューもあります。混雑したパークのなかではなく、落ち着いた静かな場所でお食事を楽しめます。

point 33

レストランには楽しすぎる謎がいっぱい

今までご紹介してきたように、細かなこだわりで溢れているディズニーリゾート。これはレストランも同様で、レストランの設定や店内の装飾品など、かなりつくり込まれています。数あるレストランのなかでも、特にじっくり見ていただきたいところをご紹介します。**夢中になりすぎて、食事そっちのけになってしまうかもしれませんのでご注意を……**。

【ガストンの酒場が忠実に再現された内装や装飾品】

point 31でもご紹介した、「ラ・タベルヌ・ド・ガストン」。映画『美女と野獣』を観た方ならば、なんとなくガストンの大きな肖像画や椅子、鹿や動物たちの剥製、チェス盤など、その雰囲気は覚えているかもしれません。しかし、この店内の内装や装飾品はそれっぽいものを集めただけではなく、かなり細かく映画の場面が再現されているのです。

・樽型のレジカウンターレジと店内に飾られた絵

レジは大きな「樽型」になっていますが、こちらもガストンの酒場に登場する大きな樽が並んだシーンが再現されたもの。また、店内に飾られたいくつかの絵のうち、レジカウンターに向かって右後方の壁に飾られた絵は、映画でモーリスが自動薪割り機を街に売りに行こうとするシーン。ぜひ見比べてみてください。

・一瞬だけ登場する、壁に飾られたダーツ

食事を購入したあと、右側のダイニングエリアに入ると、壁にダーツが飾られています。このダーツ、実は映画のなかでも一瞬だけ登場しています。ただ、こちらはスロー再生にしないとその場面がどこだかわからないほど、非常に短いもの。まさかここまで再現されているとは驚きです。ちなみにこのダーツ、ガストンとル・フウが勝負した結果なのですが、まったく勝負になっていないところも笑えます。その両者の成績はぜひ現地で確認してみてくださいね。

・店内に並んだ数々のトロフィー

右側のダイニングエリアの壁沿い上部にはさまざまなトロフィーが並んでいます。これは狩猟などでガストンが獲得したもの。そこには、「あごが突き出た顔のトロフィー」があり「CHIN CLEFT」と書かれています。これはフランス語で「ケツアゴ」という意味。映画でもガストンがあごを強調するシーンがありますが、まさかこんなものまで受賞していたのですね。

【ランドで謎解き？　ウッドチャックの隠れた暗号を解読！】

ディズニーランドのウエスタンランドにある「キャンプ・ウッドチャック・キッチン」。食事はもちろん魅力的なのですが、おもしろいのは「秘密のメッセージ」を自分で調べることができること。実はエリア全体にちょっとした謎解きが隠れています。

レストランに入り、右側の食事スペースにあるガラスケースのなかの本や、壁にかかった黒板を見ると何やら「絵文字」の暗号のようなものが並んでいます。

これは、秘密のメッセージ。レストランの1階奥の部屋や、ウッドチャック・グリーティングトレイルのデイジーダックに会える部屋の壁には「J.W.W. oFFiciAL SECRET CODE」と書かれたものが貼られているのですが、これと照らし合わせるとその暗号が解読できるのです。それらを解読してみると……？

・ガラスケースに入った本の右下のメッセージ

「おじいちゃんとおばあちゃんをだいじにすること」
「ピーマンをのこさないこと　ラジオたいそうをすること」

・右側奥の黒板、右下に書かれたメッセージ

「10じ23ふん　かくれがにしゅうごう」

この黒板にはキャンプのスケジュールと、「10時には消灯！」と英語で書かれているのです。どうやらみんなが寝たあとに集合しようとしているようですね。

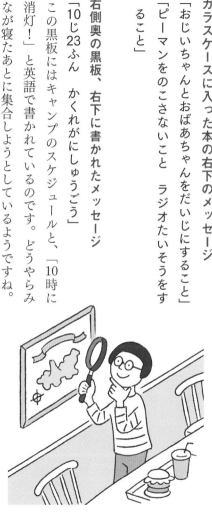

他にもまだメッセージは隠されているのでぜひ探してみてください。
ここでご紹介したもの以外にも、実はドナルドダックに会える部屋の壁に飾られた「宣誓書」にもこの暗号が書かれているのです。下のほうにこの暗号が小さく書かれており、これを解読すると……

「ウッドチヤックノシンセイナヒミツ
スクルージノキンハトリデノタカラバコニハイツテイル
トリデニツヅクヒミツノトンネルノイリグチハタキビノシタニアル」
(ウッドチャックの神聖な秘密　スクルージの金は砦の宝箱に入っている　砦に続く秘密のトンネルの入り口は焚き火の下にある)

……となるのです。これだけだと一見何のことだかわからないのですが、実はデイジーダックに会える部屋の背後にはこの周辺の地図が貼られており、意味深なマークが書かれています。
このメッセージに隠れた「焚き火」は1階の外、中庭にあるスクルージと英語で書かれた大きな焚き火台のこと。と、いうことはこの下には秘密の通路があり、「砦」には宝物があるということ……？　しかし、「砦」とはどこのことなのでしょうか？なんとここにも大きなヒントがあります。それは、トムソーヤ島やアメリカ河を眺められるレストランの2階のテラス。左側には固定された双眼鏡があり、この双眼鏡を覗くと、向こうに見えるのはトムソーヤ島の「サムクレメンズ砦」。……ここに宝箱があるということなのでしょうか。実際にそれらしきものは見当たりませんでしたが、きっとどこかに隠されている……そんなことを考えると、ちょっとわくわくしてきますよね。

すべて解読してそこに辿り着くのにはそれなりの手間と時間がかかるこんなこだわり。ぜひ挑戦してみてくださいね。

D
memo

ミニーのスタイルスタジオの並び列には、「ウッドチャック・グリーティングトレイル」のデイジーの衣装のデザイン画が。さすがミニー、そんなところのデザインまでしていたのですね。

point 34

その世界の住人になって楽しむレストラン

パークで食べるごはんは、レストランで食べてもテイクアウトをして外で食べても、なんだか特別感がありますよね。みなさんは普段、どのようにパークでの食事を決めていますか？

たとえば、「お昼はカレーの気分だな」や、「手軽にハンバーガーでも食べようかな」……など、そのとき自分が食べたいものから選ぶことがほとんどだと思います。逆に、それ以外でどうやって決めるの？　と思うかもしれません。

しかし、せっかくパークで食事をするなら、**普段と**

は少し違う視点でレストランを選んでみてはいかがでしょうか？　たとえばお店の雰囲気や、そのとき浸りたい世界観……。これができるのって、パークならではなのです。ここでは、ディズニーシーでおすすめしたいレストランをお店の雰囲気別にご紹介します。

【海の世界へいってらっしゃい！　セバスチャンのカリプソキッチン】

マーメイドラグーンにある「セバスチャンのカリプソキッチン」はトリトンズ・キングダムの奥にある海底レストラン。ここで流れている音楽はカリプソと呼ばれるカリブ海の島の伝統音楽で、まるで海のなかで食事をしているような気分が味わえます。

このレストランの右側のダイニングエリアの壁にはさまざまな海の仲間たちが描かれていますが、これはすべて同エリアのアトラクションを指しています。ぜひそのアトラクションと見比べてみてください。ちなみに中央の赤い貝殻のヤドカリの模様に隠れミッキーが！

・いちばん右のフグ２匹「ブローフィッシュ・バルーンレース」

・中央のフランダーと魚達「フランダーのフライングフィッシュコースター」
・その下のヤドカリ2匹「スカットルのスクーター」
・左側の壁のクラゲ「ジャンピン・ジェリーフィッシュ」

【波に揺られて食べるポップコーン】

パークの楽しみのひとつでもあるポップコーン。季節やイベントによって、売っているポップコーンが変わることもありますが、販売している味が変わらない場所もあります。その場所は、マーメイドラグーンの「フランダーのフライングフィッシュコースター前（ポップコーンワゴン）」。海が舞台のテーマポートなので「ソルト味」でずっと変わっていないのです。

このポップコーンワゴンの周辺にはいくつかの樹木が生えているのですが、マーメイドラグーンの樹木にはある特徴があります。それは「木の葉がすべて細長いこと」。風が吹くと揺らめく細長い葉の姿は、このエリアらしく「波」のよう。やさしい風が吹いているときはポップコーンを食べながらそんなところも感じてみてください。

【アラビアに吹く風を感じる　カスバ・フードコート】

アラビアンコーストにあるレストラン「カスバ・フードコート」。このレストランの入り口は「イーワーン」といわれる、三方向が壁で囲われて、一方が開放的な広間になっている、実際のイスラーム建築でも見られる形です。この正面入り口周辺には、美しい宮殿の中庭や、豪華な噴水があり、ダイニングには豪華な大理石の床や楽器が飾られた空間が広がります。そして、中庭に面したテラスでは外の空気と美しい景色を見ながら食事もできます。

ちなみにこのレストランの入り口はアラビア語で「市場」という意味がある「スーク」を抜けて進んだ街並みの一角にもあります。この路地やレストランのカウンターの上部を見上げると、木の枠組みが張り巡らされ、その上に布（織物）が広げられています。これは、強い日差しを和らげるための工夫で、こんなところもリアルに再現されています。この路地側の入り口から入ると、古くからある民家のような静かで落ち着いた雰囲気のダイニングエリアが広がります。こちらは砂漠で暮らす人々が生活する場所で、剥がれた壁や食器などの装飾品が飾られています。

このようにカスバ・フードコートでは「それぞれ趣の異なる場所で食事が楽しめる」

のも特徴。気分に合わせて変えてみるのもいいですね。

また、「光」の使い方が個性的なアラビアンコーストは夜の時間もおすすめ。このエリアにある照明はその装飾が特に凝っていて、あちこちにあるランプや照明から漏れる光と、その光が映し出す模様はとても美しいものです。

そして、ここのカリーはちょっと特別。実はディズニー映画『アラジン』に登場する、あの「空飛ぶじゅうたん」が王国中を飛びまわって運んできたという物語があります。ぜひ、アラビアの雰囲気に浸って食事を楽しんでみてください。

【クルーのための食堂で科学者気分　ヴォルケイニア・レストラン】

ミステリアスアイランドにある「ヴォルケイニア・レストラン」。ここはマグマの地熱を利用して調理をしているレストランなので、建物に入って左側奥の部屋ではそのマグマの熱を変換している設備を見ることができます。

そしてレストランの入り口は、鉄のような強固な金属でできた頑丈なつくりになっています。さらに天井を見上げてみると、何やら「鎖のカーテンのようなもの」が縛られて固定されています。

プロメテウス火山は現在も活動中の活火山。噴火して溶岩や噴石が飛んでくる可能性もある危険な場所です。火山活動が発生した際に、扉を閉め、さらにこの鎖のカーテンで溶岩の流入や、土石の侵入を防ぐためのものなのです。厳しい自然と共存共栄をしているミステリアスアイランド。そんな備えも万全です。

ちなみにこうした金属のネットは、「センター・オブ・ジ・アース」のなかにある、ネモ船長の研究室にもありますので探してみてくださいね。

食事のあとは、ネモ船長と一緒に、海底・地中探索へ出掛けましょう！

D
memo

カスバ・フードコートの近くにはジャスミンの噴水があります。これは「サビール」という水飲み場。今は水道が整備されていますが、当時はここで砂漠の国には欠かせない水が提供されていたのですね。お食事のあとに散策してみてはいかがでしょうか。

point 35

混雑したら思い切ってイクスピアリへ

パークでの食事は、かわいらしいミッキーマウスやミニーマウスをモチーフにしたフードや期間限定のスペシャルメニューが多く、何を食べるか考えるだけでもわくわくしてしまいますよね。

しかし、混んでいると長い列に並ばないといけないことと、逆にひとりなので、誰かが買いに行っている間に誰かが席を取る、ということができないのがちょっと悩みどころ。

そこで、**混雑時におすすめしたいのが、思い切って「パークの外」に出てしまうこと**。たとえば直近施設である「イクスピアリ」には、約60店舗のレストランや飲食店があり、混雑日でもパークに比べるとかなり空いているなかで食事をすることができます。

パークで食事を買うのに60分待つ混雑レベルだとしても、イクスピアリでは待ちなし……ということも多くあります。

「ディズニーに来たのにわざわざイクスピアリで食事をするのはなんだかもったいなくない？」と、複数人で行った場合は絶対になるところですが、おひとりさまなら、そんな動きも可能です。

また、イクスピアリのなかには安価なレストラン、たとえば「サイゼリヤ」や、軽食のお店など、リーズナブルなところもたくさんあります。

待ち時間の少ないパーク内のワゴンフードなどをたくさん食べて、メインの食事はイクスピアリで安く短時間で済ませる。**費用と待ち時間を抑えて、その分グッズ代などにお金を使うのもひとつのお得な考え方です**。

D
memo

TDRによく行くなら、入会金・年会費無料のイクスピアリカードに入会するのがおすすめ。駐車場が2時間、屋外駐車場ならさらに1時間、計3時間無料です。駐車場割引は「ボン・ヴォヤージュ」での買い物も対象。パークの買い物もここで済ませればお得ですね。

50 Ways to Enjoy a Solo Disney Trip.

CHAPTER 3

よりディープな1日を

point 36

パークの多彩な音に耳を傾けてみる

ひとりディズニーの楽しみ方は、これまで述べたようにショーやパレード、アトラクションにレストラン&フード、ショッピング……と多岐にわたります。

しかし、**私がここでみなさんにご提案したいのは、そうした「目に見えるもの」だけではなく、「体で感じるもの」のよさと深さ。ディズニーパークの「音」に耳を傾けていただきたいのです。**

ただ、「音」といっても、パークに流れるディズニーの音楽やエリアミュージックのことだけではありま

せん。もちろんそれも大切ではありますが、注目してほしいのはパークの雰囲気を演出するために**ゲストにわからないように流れている「効果音」**などのこと。

たとえば、ディズニーシーのアメリカンウォーターフロント。「世界一忙しい港」と称されるこの港町では、大小さまざまな船が埠頭に停泊しています。このあたりを散策すると、「船が係留されているロープや船体がきしむ音」や「カモメの声」など、雰囲気のある音が聞こえてきます。また同じエリアのブロードウェイの通りでは、発声練習で甲高い声を出す女性の声やダンスレッスンをする音も時折聞こえてきます。

南太平洋の孤島でもある、ミステリアスアイランド。火山湖を囲むようにできたこのエリアでは、「不気味な風の音」が聞こえます。

さらに、ロストリバーデルタでは、「水辺に飛び込む動物の音」や「不気味な生物の鳴き声」「川から上がってきた動物の水の音や足音」なども聞こえてきます。

これらの**「自然に聞こえるような音」は「すべてつくられたもの」**。スピーカーから流されているＢＧＭのひとつなのです。

しかもこの効果音ですが、動物の声などは昼と夜で変わっているというこだわりもあるのです。

これらの効果音、パークに行ったことがある方は、気がついていたでしょうか？

そうなんです。効果音は非常に自然に、その場の雰囲気に溶け込んでおり、大きすぎず小さすぎずの適度な音量で流されているため、意外に気がつかないのです。

こうした音は、たとえば友達や家族、恋人と行った場合は、まず何よりも会話をしているため、まったくといっていいほど耳に入ってきていないともいえます。

大勢の友達とわいわいとパークに行ったときにそんなパークの効果音を黙ってじっと聞いている……そんなことは現実的にできないですよね。

そんなパークの見えない「音」へのこだわりも静かに楽しめるのは、おひとりさまならでは。今まで聞こえなかったものがいろいろ聞こえてくるかもしれません。ぜひ耳を傾けてみてくださいね。

D
memo
効果音が出ているスピーカーは上手くカモフラージュされています。たとえばミステリアスアイランドでは「岩」、ホテルミラコスタでは「壁」、アラビアンコーストでは「窓枠」などがスピーカーになっています。

point 37

ゆっくり歩かないと見逃す「魅せ方」の魔法

パーク内での目的に縛られない、「自由な散策」の醍醐味、それは、ひとりのときでないとなかなか見つけられないものを発見すること。思いつきでショップに入り、外にあるショーウインドーのディスプレイや店内の装飾をゆっくり眺めたり、季節の花々や木々に癒されたり……。さらには意外と見ていない、ポストや看板、そこに隠された意味やこだわりを見つける……。パークに行くとそれだけで1日が終わっていることも。

でも、せっかくパークをお散歩するなら、その魅せ方を意識してみるのもおすすめ。たとえば**2つのパークとも、園内に入ってすぐにはそのシンボルのシンデレラ城やプロメテウス火山は見えません**。パークに入ると、それらの姿が徐々に見えてくるのですが、これはゲストの高揚感や期待感を盛り上げるための魔法のひとつ。しかし、この2つのパークの演出ですが、同じように見えて、実は少し違います。

まず、ディズニーランドの入り口は「平面」なのに対し、ディズニーシーは入り口の大きな地球儀アクアスフィアから、園内に向かってスロープがあり、緩やかな「坂」になっています。そのため、シーでは、まず海が見え、要塞が見えたあとに徐々に山が見えてくるという、凝った見せ方をしています。

また、ディズニーランドのワールドバザールに入ると、シーのプロメテウス火山が見えるのと同じように徐々にシンデレラ城が見えてきますが、ワールドバザールのちょうど真ん中、まっすぐ進む「メインストリート」と横に走る「センターストリート」が交差する場所に到着するとシンデレラ城が上から下まで完全に視界に入ります。

普段は足早に過ぎてしまう場所ですが、ここで立ち止まってみると、よりいっそうパークのこだわりと魅力を感じることができるのではないでしょうか。

また、シンデレラ城は園内にいるゲストが自分のいる位置がわかるように、ランドマークとしての役割も持っています。しかし、2020年に美女と野獣の城がオープンしました。ここは基本的にはシンデレラの物語と別世界ですが、大きく目立つ城がひとつのパークに2つもあるということは、その世界観の区別が気になるところです。

しかし、実際にパークに行けばおわかりだと思いますが、それぞれのお城がある位置からは「もう一方の城の姿がほぼ見えない状態」になっていて、美女と野獣の城の周辺からシンデレラ城の方向を見ても、建物や植木などで上手くカモフラージュされているのです。

もちろん同じようにシンデレラ城周辺からは美女と野獣の城は見えません。これは偶然ではなく、高さや位置、見え方なども計算されてつくられています。

普通にパークを楽しんでいると、なかなか感じないこうした部分。**まわりを見渡しながらゆっくり散策できるおひとりさまならば、さらに何か発見できるかもしれません。**そんな見え方ひとつのこだわりもディズニーらしいところですよね。

D
memo

「視界を遮って世界観を守る」という方法はパーク内では複数の場所に使われています。たとえばシーのメディテレーニアンハーバーからポートディスカバリーへつながる道は植栽で双方見えなくなっており、いったんフラットな空間をおくことで、そのイメージをリセットさせる役割があります。

point 38 リアルな街並みをつくるこだわり

パーク内は、本当につくり物なの？　と目を疑うような建築物も多くあります。これは、**「つくられた街並み」と「世界観」が違和感なく自然に見えるように、さまざまな工夫**がされているから。

たとえば、トゥモローランドの方向から、美女と野獣の城の前を通り過ぎて歩いていくと、緩やかなカーブを抜けた先に美しい街並みが広がります。このとき、「ラ・タベルヌ・ド・ガストン」のレストラン上部の奥に広がる街並みにご注目。

実はこの奥の街並みはトゥーンタウンにあるグ

リーティング施設、「ミニーのスタイルスタジオ」の屋根部分なのです。実際はその部分に街はありませんが、屋根の上部だけをそこに配置することによって、よりリアルな街並みが再現されているのですね。

また、美女と野獣のお城の前からトゥーンタウンに向かって進んでいくと「石造りのアーチ」のようなものがありますが、これも小さな工夫のひとつ。こちらのアーチは、城側から来た場合は、「その先に広がる美しい街並み」逆側から来た場合は、「くぐったあとに目の前にそびえる城」というように、同じエリアであっても、「２つの異なる光景をより印象づけるための効果」でもあるのです。

これはディズニーランドの入り口、ワールドバザールの「入り口を狭めて、その先を広げることで、開放感や高揚感を高める」に似た手法です。

D
memo

石造りのアーチにある羊が描かれた張り紙には「Lost Sheep! Last seen at fountain eating book（迷い羊！　最後に見かけたときは噴水で本を食べていました）」と書かれています。映画内でベルが噴水で本を読んでいるときにその本をかじった羊のこと。どうやらどこかに行ってしまったようですね。

point 39

世界観を守る「原寸大」の工夫

異国情緒漂うディズニーシー。より本物に近づけるためのこだわりがたくさん隠れています。特にそれがたくさん見られるのが、メディテレーニアンハーバー。

ここには、ヴェネツィアの運河が再現された「パラッツォ・カナル」があります。

このエリアの建物などは「ほぼ原寸大」でつくられているこだわりもあります。

さらに、この風景に欠かせない、ヴェネツィアン・ゴンドラ。実はこのゴンドラ、すべて黒い色なのには理由があります。ヴェネツィア共和国(7世紀末~1797年)時代の「費用削減法」という法律で、「船体の色は黒」と義務づけられていました。現在はその法律は無効となりましたが、現地では慣習として黒の塗装がなされており、それが再現されているのです。

またパークのあちこちで見られる水飲み場ですが、このエリアは他のエリアとは違っています。通常、パークの水飲み場は大人と子どもの身長差を考慮して2つの高さがありますが、ここではそれをせず、その分踏み台を底上げしてあります。実はこの形、ヴェネツィアにあった「チステルナ（cisterna）」と呼ばれる貯水槽を模したもの。水の上に浮かぶ都市ヴェネツィアには井戸水がなく、雨水をろ過して飲み水が提供されており、それを再現したものなのです。

他にも、ゴンドラをとめておく柱が再現されていたり、運河奥の橋にはきれいな色の大理石が埋め込まれたメダリオンと呼ばれる現地の装飾が再現されていたり、**ただ遊園地として表面だけをまねするのではなく、より本物に近いこうしたこだわりまでもが再現されている**のがディズニーらしいところですよね。

いつかはアドリア海に沈んでしまうともいわれているこの水の都。ちょっとロマンチックな感じがします。

D
memo

運河に面して並ぶ建物には階段がついているところがいくつかあります。ヴェネツィアでは船で移動するため、ここが正面玄関。運河から、階段を使って家に出入りします。船を使わないときは階段脇にある、係留杭にとめておくのですね。

point 40

ショップに隠されたときめきの物語

パーク内あちこちにあるショップ。それぞれに裏話や、細かい設定がされているものも多く、**ただ買い物をする以外にもそうしたところを観察するのもおもしろいところ**。ここでは、そんなショップに隠された物語を紐解いていきます。

【村のショップに隠された多くのこだわりの物語】

ディズニーランドの美女と野獣のエリアのほぼ中央にあるショップ、「ビレッジショップス」。ここは実際にはひとつの大きなお店ですが、店内はそれぞれ趣の異なる「ラ・ベル・リブレリー」「リトルタウントレーダー」「ボンジュールギフト」の3つに分かれています。

「ラ・ベル・リブレリー」

トゥーンタウン側のこのショップは看板からもわかる通り、映画でベルが訪れた「本屋」。建物は窓の形まで映画のシーンがしっかり再現されています。この入り口からショップに入ると、左側にこの本屋の主人の写真が飾られています。そしてここには「Merci Beaucoup!」のメッセージが。こちらは、フランス語で「どうもありがとう！」の意味。ちなみにこの写真の上の本には、メガネが置かれています。実はこれ、本屋の主人のもの。どうやらメガネを忘れて、仕入れに出掛けていってしまったようです。

また、レジカウンターの左側には、映画でベルが使っていたはしごがあります。レジの右側、本棚の上には、映画でベルが見ていた本が飾られています。そしてちゃんと映画と同じように、本の端っこには羊にかじられた跡が。さらにレジのうしろの棚には「コグスワース」と「ルミエール」に似た時計と燭台が……。

「リトルタウントレーダー」

真ん中のショップ「リトルタウントレーダー」は、食器やおもちゃ、キャンドルなど、村の職人たちがつくったものを販売するお店。つながっているお隣とは、ちゃんと床の素材も変わっているところにもご注目。まずは食器が並んだこのお店の上の棚を見ると、焼き上げられてこれから着色される陶器類が置かれています。そして中央付近の道沿いの壁には大きな鍋が飾られています。この鍋は底の部分が鏡のようにピカピカです。これも実は映画に登場した鍋で、ガストンがこの鍋を鏡のように使うシーンがあります。

そしてレジ周辺には制作途中のキャンドルが。これはレジ左側にある大きな鍋でつくっているようですね。そして、ちょっと見えにくいレジ右側後方にある黒板に書かれたTo Doリストを見ると「Candles for Belle(extra long...needed for reading!)」(ベル用のキャンドル。読書用のとても長いもの！)と書かれています。

【小包はどこに行くの？】

マクダックスの名前が郵便局のショーウインドーに

ディズニーシーのメディテレーニアンハーバーにあるショップ、「イル・ポスティーノ・ステーショナリー」のショーウインドーにはアメリカンウォーターフロントのショップ「マクダックス・デパートメントストア」から届いている小包があります。また、店内の棚の上には、メディテレーニアンハーバーのパン屋「マンマ・ビスコッティーズ・ベーカリー」にこれから届ける小包が置かれています。

D memo

ビレッジショップスの建物の看板には「MUSIQUE A&M」と刻まれています。MUSIQUE はフランス語で音楽。A&M は多数のディズニー音楽を手がけるアラン・メンケン、作詞兼製作者として携わるハワード・アッシュマンの名前からとられているそうです。

point 41

「調べなければ絶対にわからないこだわり」を探してみよう

パークのなかにある、隠れたこだわりは、ひと目ですぐにわかるものから、探そうとして調べたり、その場所をじっくり観察したりしないとわからないものまで、たくさんあります。仲間や家族、恋人と来たときには、まずほとんど見向きもしない、だけど**知っているとさらにパークがおもしろくなる……今回はそんなこだわりをご紹介します**。

・植えられている木の「驚きの花言葉」

999の幽霊が住むディズニーランドのアトラクション、「ホーンテッドマンション」。不気味な洋館は、その外観や佇まいだけでなく、まわりの植栽まですべてこだわりを持ってつくられています。たとえば、建物のまわりに生えている草木。どれもその雰囲気に合わせて、不気味な「形」や「姿」をしているものを選んで植えられています。

そんななか、アトラクション建物正面に向かってやや左側にある、不気味な形をした木。風になびくような葉、そして骸骨の骨のようにも見える、その幹……。とても怪しい雰囲気の木ですが、不気味なのはその姿形だけではありません。この木の名前は「糸杉（イトスギ）」。糸杉の花言葉はなんと死や哀悼、絶望。「死」の象徴として、海外ではよく墓地に植えられている木なのです。何気ないそんな植栽ですが、意味を調べてみるとさらにちょっと怖さが増してくるような気がしませんか？

・絵本のバーコードを読み込んでみると？

ディズニーシーのアトラクション、「トイ・ストーリー・マニア！」。ここには、見ただけではわからないこだわりが隠れています。建物に入ってすぐ、目の前には大きな本があります。そのときの並び列によって見える位置は変わりますが、この大きな本、裏側にまわると、左上にバーコードがついています。リアルな本を表現するための工夫なのですが、ここには「7869361138047」という数字が書かれています。

一見すると、特に意味はなさそうな数字ですが、この数字は実は本物のＥＡＮコード（イアンコード。European Article Number）の番号。ＥＡＮコードとは商品識別コードのことで、日本の規格では「ＪＡＮコード」（Japanese Article Number）と呼ばれています。そしてこの番号を調べてみると、なんとアメリカで２０００年10月、実際に販売された「トイ・ストーリー」と「トイ・ストーリー２」のＤＶＤ２本セットの番号なのです。こうした細かなこだわりが本当におもしろいですね。

・限りなく本物の風景に近づける街灯の秘密

イタリアの港町が再現されたメディテレーニアンハーバー。ここで海を取り囲むようにしていくつも立っている「街灯」ですが、実はイタリアに実際にある家具や照明システムの会社「ＮＥＲＩ」のものが使われています。しかも、ただ単にその製品を使っているだけではなく、同社のロゴマークはゲストから見えないように海のほうに向けられています。いくら現地のメーカーとはいえ、少しでも現実的なものを見せないように配慮されているのですね。

ただ、広場に立てられている太い街灯は３６０度、どの方向からも見えてしまうので、どうしてもロゴマークを隠せません。ここで興味深いのは、2015年に陸地部分の拡張工事で新しくなったミッキー広場に新設された街灯。この街灯を見てみると、360度どの方向にもロゴマークが見当たりません。しかし、これはよく見ると、照明の土台の上部分に小さくロゴマークが入っているのです。これもできるだけ目立たせないための工夫なのですね。ぜひ実際にその場で確認してみてください。

D
memo

トイ・ストーリー・マニア！のファストパス発券機は、実はタワー・オブ・テラーの発券機と、管理している会社が同じという物語があります。2つとも、「EMPIRE TICKET CO.」（エンパイアチケットカンパニー）という文字が刻まれており、チケットを扱う会社であったということがわかります。

point 42

パークの数字に隠れたロマン

パークにはあちこちに、看板や時計などの装飾品が飾られています。実は、**一見意味がないように見えるものにも、隠れた意味があることもあります**。時間のある、おひとりさまだからこそ、そんなパークに隠された思いを深く感じることができるかもしれません。

ここでは隠れた意味のある数字についてご紹介します。

【アトラクションに隠れたメモリアルデー】

・博物館の受付にある「止まった時計」が示すメモリアルデー

メディテレーニアンハーバーにある、「ソアリン：ファンタスティック・フライト」。こちらのアトラクションは「博物館」が舞台となっていますが、建物に入って進んでいくと、正面には博物館の受付カウンターがあります。このカウンターの右後方にかけられている時計は7時23分を指したまま止まっています。賢明な方はおわかりの通り、これはこのアトラクションがオープンした「２０１９年7月23日」を示しているのです。こちらは比較的簡単に確認できますので、ぜひ注目してみてください。

・まるで暗号？　解読しないとわからない潜水艇に記されたメモリアルデー

続いては、ちょっと確認しにくい場所にある隠れた数字。それはポートディスカバリーにある「ニモ＆フレンズ・シーライダー」。同建物の前にはいくつかの潜水艇や船が停泊しています。そのなか、スタンバイ列の入り口いちばん近いところに停泊している、緑色の潜水艇があります。こちらは列の途中にあるため、アトラクションに並ばないとわからない位置にあるのですが、この潜水艇の後方には「12０517」

という数字が書かれています。先ほどご紹介したように、一見して「日付」にはならない意味のない数字のように思います。しかし、これはちょっとヒネリが必要なのです。この数字を「逆」に読んで、17の前に20をつけて日付に直すと「2017年05月12日」となります。これはこの「ニモ&フレンズ・シーライダーがグランドオープンした日」。誰も気にしないような小さな数字にそんな秘密が隠されているのですね。

・「スター・ツアーズ：ザ・アドベンチャーズ・コンティニュー」看板に隠れた数字

こちらに隠れた数字はなんとひとつだけでなく、合計6個。まさかのそんな場所は、アトラクション建物に入り、最初の大きな部屋（コンコース）。列を進んで行くと、上部に「青い案内看板」があります。ここには8つに分かれたプレートがあり、何やら文字が記されています。ここに記された文字は映画でも登場した、銀河標準語オーラベッシュ語という言語。これはアルファベットと連動しているので解読できるのですが、今回はそこではなく、その8つのそれぞれのプレートの下にご注目。この案内板、フラッシュ撮影すると、なんとそれぞれのプレートの下に、「オレンジ色の小さな文字のようなもの」が浮かんできます(左下のプレートは除く)。これは、オーラベッシュ語で「数字」が書かれているのです。そしてこの数字を解読してみると、それぞれ4桁の数字が浮かび上がります。実はこの数字、並べてみると、映画『スター・ウォーズ』シリーズの過去の作品（6作）の公開年なのです。

1977年…『スター・ウォーズ エピソード4／新たなる希望』（左上）
1980年…『スター・ウォーズ エピソード5／帝国の逆襲』（左2番目）
1983年…『スター・ウォーズ エピソード6／ジェダイの帰還』（左3番目）
1999年…『スター・ウォーズ エピソード1／ファントム・メナス』（右上）
2002年…『スター・ウォーズ エピソード2／クローンの攻撃』（右2番目）
2005年…『スター・ウォーズ エピソード3／シスの復讐』（右3番目）

【オブジェに隠された数字の意味】

・「ストーリーテラーズ像」に刻まれた、ちょっと見つけにくい数字

ディズニーランドではおなじみのワールドバザールを抜けたところにある、ミッキーマウスとウォルト・ディズニーの「パートナーズ像」。そしてディズニーシーには、ディズニーシー・プラザ（エントランス周辺）に「ストーリーテラーズ像」と呼ばれる、２人の銅像があります。ここでミッキーマウスが持っているバッグのラゲッジタグを見ると、「111828」と書かれています。こちらはディズニー好きの方にとってはおなじみの数字、ミッキーマウスの誕生日「１９２８年11月18日」の順番を変えて並べたものです。「1118」だけの数字はパーク内でもいくつか見ることができますが、こちらはちょっと異なる順番です。

・「周年記念の数字」に合わせた形になるオブジェ

パークでは、季節のスペシャルイベントや、５年ごとの周年イベントのときには華やかなデコレーションや装飾が行われますが、思いもよらぬところにその数字が示されていることもあります。たとえばディズニーランドの35周年（２０１８年）を迎えた年のクリスマス。パークのあちこちに、キャラクターが賑やかにクリスマスを過ごしているフィギュアやオブジェが飾られました。

このとき、置かれていた時計のオブジェ。時間は固定されたままなのですが、時計が指していた時刻は7時35分。一見すると、特に意味のない数字に見えますが、実はこれは「7」回目のアニバーサリー（5・10・15・20・25・30・35周年）で「35」周年だったからなのです。そして翌年、２０１９年に同じデコレーションがあったのですが、時計は7時36分を指していて1分だけ時間が進んでいたのです。こんな細かすぎるこだわり、特別な感じがしますよね。

パーク内にはこのようにして、何かのメモリアルデーになっている場所が多く存在しています。ただ、お伝えしたようになかなか気がつかない、目立たない場所にあることがほとんど。

普通に楽しんでいるだけではなかなか見つけられない数字。ひとりディズニーなら、こうした深いこだわりをじっくりと感じられるかもしれませんね。

D
memo

２０１６年５月１６日に運営が終了したアトラクション「ストームライダー」では、映像の途中に登場する船に記されていた文字が「ＴＤＳ０１」。これはシーがグランドオープンした２００１年を指しています。

point 43

メモリアルデーを大切にする ディズニーの精神を探してみる

ディズニーシーにとって忘れられない記念の日。それは**２００１年９月４日。この日にディズニーシーは産声をあげました。しかし、この数字はただ単にグランドオープンを記念したものではなく、運命的な意味が隠れているのです。**

この日はディズニーランドを日本に誘致した人物、高橋政知氏の誕生日。パークを運営するオリエンタルランドの元社長で、ディズニーリゾートをつくり上げるために尽力した方です。

残念ながら、ディズニーシーの完成が間近となった２０００年1月31日にお亡くなりになりましたが、彼の名は永遠にパークの歴史のなかで生き続けていくはずです。ただ、この「ディズニーシーのグランドオープン日は高橋氏の誕生日」という話ですが、実は意外と知られていない裏話があります。

現オリエンタルランド代表取締役会長兼CEOの加賀見俊夫氏の著書、『海を超える想像力』（講談社・2003年）のなかで、

奇しくも九月四日は高橋の誕生日に当たっていた。しかも大安吉日である。わざわざオープン初日をそれに合わせたわけではない。偶然の導きによってそうなったことに、私は深い縁を感じていた。

と記されています。

ゲストに夢や魔法、想像力を与えてくれるディズニーの世界ですが、それだけではなく、それをつくり上げてくれた方にも不思議な縁や、運命的なものを感じますね。

この運命的な日付ですが、実はパークのなかにいくつも隠れています。

・メディテレーニアンハーバーのリドアイル南側に飾られた**グランドオープン時のメッセージが刻まれたプレート**には、

私たちは　水の惑星　地球と　海から誕生したすべての生命をたたえて　東京ディズニーシーをつくりました。目前に広がる大海原を越えて　たどりつく世界には勇気と発見、想像とロマンスにあふれた冒険が　あなたを待っています。　さあ　夢

と感動と喜びの帆を揚げて　出航しましょう！
2001年9月4日　株式会社オリエンタルランド代表取締役社長　加賀見　俊夫
と記されています。

・point 29でご紹介した、ロストリバーデルタの「インディ・ジョーンズ®・アドベンチャー：クリスタルスカルの魔宮」の建物内、スタンバイ列の途中にあるインディ・ジョーンズ博士の机に置かれた新聞にご注目。
これは「國際ジャーナル」という架空の新聞で、この**新聞の日付**が「**昭和十年九月四日**」になっています。こちらは望遠レンズなどで撮らないとまず確認できないくらい小さな字です。

・「ソアリン：ファンタスティック・フライト」の建物に入ると右側には博物館のオープン記念式典の様子や、そのときに使われたテープカットの赤いテープやハサミが展示されています。この**記念式典の日**は、ディズニーシーのグランドオープンである、9月4日です。

ちなみにちょっとおもしろいのが、この建物の図面。この図面には、描かれた日付が右下に小さく記されているのですが、その日付は「１８０７年7月7日」。この月日は「ディズニーアンバサダーホテル」の開業日。何かとこうした物語のなかの節目の日を、ディズニーリゾートの記念日に合わせてくることが多く、これも意図的なものなのでしょうね。

D
memo

ここではシーをご紹介しましたが、4月15日は東京ディズニーランドのグランドオープン日。実は、「タワー・オブ・テラー」でゲストをツアーに案内するニューヨーク市保存協会の会長、ベアトリス・ローズ・エンディコットの誕生日と、S.S.コロンビア号の進水式の日も4月15日になっています。

point 44

映画とパークの感激が倍増するトリビア

ディズニーリゾートのなかには、いわずと知れた、「映画の世界」が広がるところが数多くあります。特にパークに登場するキャラクターはもちろんディズニー映画がもとになっているケースがほとんどなので、「映画を観てからパークに行くとさらに深く楽しめる」ことが多くあります。

「そんなの当たり前じゃないの？」と思われるかもしれませんが、**「ただ単に映画を観てから来る」ということではなく、「その映画の世界観がパークのなかでどのように表現されているか」というところ**を感じとってみてください。

【モンスターズ・インク〝ライド&ゴーシーク！〟】

たとえばディズニーランドの「モンスターズ・インク〝ライド&ゴーシーク！〟」

モンスターズ・インク会社の建物上に書かれたメッセージ

場所	メッセージ
映画『モンスターズ・インク』内	WE SCARE BECAUSE WE CARE 私たちは悲鳴を求めています
ディズニーランドの アトラクション入り口上	IT' S　LAUGHTER WE' RE AFTER 私たちはみなさまの笑いを求めています

は映画の世界が再現されているのはもちろんですが、映画一作目の『モンスターズ・インク』の、あとの世界という設定です。

映画の冒頭では、「子どもの悲鳴をエネルギーに変える」というストーリーでしたが、最終的には「笑いのエネルギーがいちばんよい」という話になります。「映画の世界のあと」の物語であるため、上記のように建物入り口にある言葉が映画のシーンとまったく真逆の意味になっています。

これはまず、映画を観ていなければわかりませんし、映画を観たうえで、その違いに気がつかないとこだわりを感じることができないという、なかなか高度な部分です。

こうしたところも、ただ映画を観てから行く、ということではなく、その映画とアトラクションがどのようなかかわりを持っているかチェックしてから行くと、よりいっそう楽しめると思います。逆にパークから帰ってきてからまた映画を観るのもおもしろいかもしれませんね。

【美女と野獣エリア】

新ファンタジーランドの「美女と野獣」のエリアの街並みなどの再現度は見事です。こちらも映画の世界が私たちの目の前に広がっています。有名な映画ですから、観たことがある方は多いと思います。しかし、ここで強くおすすめしたいのは、「過去に観た方も、もう一度観てから行くこと」。このエリアは映画の世界が非常に細かく再現された部分がたくさんあります。もう一度じっくり観てから行くと、世界観に浸れること間違いないでしょう。そんな見所ポイントをまとめてみました。

・建物や街並み

映画に登場するベルが住む町。この町の建物の歪んだ屋根や壁、地面がリアルに再現されており、その世界観が味わえます。映画ではほんの数秒の登場ですが、それでもしっかりつくり込まれています。

・街並みの中央に設けられた排水溝

映画の冒頭、ベルが町を歩くシーンがありますが、そのときに街並みの中央には排水溝が描かれています。このシーン同様、美女と野獣のエリアでは道の中央付近にこの排水溝が見事に再現されています。物語の舞台となっているフランスの田舎町ではこうした排水溝が実際に使われている場所もあります。

・忠実に再現されたモーリスのコテージ

映画に登場するベルの父、モーリスとベルが一緒に暮らす家もしっかりと再現されています。家の壁や窓はもちろん、驚くのは家の入り口に置かれた工具。この工具一つひとつの形がすべて映画に登場するものと同じにつくられているのです。

・荷馬車の荷物の形までしっかり再現

モーリスの家の北側には、植え込みに何やら「グレーの布に包まれた荷馬車の荷物」が置かれています。実はこれも映画でモーリスがつくった「自動薪割り機」。それを街に運んでいこうとするときに使っていた馬車の一部なのです。映画でも物語のポイントとなるこの馬車。姿形や布のつぎはぎまでも忠実に再現されています。ぜひチェックしてみてください。

・「見える」けれど「見えない」看板

「美女と野獣の城」の正面入り口の門、その左側には、かすれて見えなくなってい
る道しるべがあります。映画のシーンでは文字が見えにくくなっているため、モーリ
スが道に迷う原因になるのですが、パークでもしっかりと「見えるけれど見えない感
じ」に再現されています。

・お城の前にある紫色の馬車

アトラクション建物の近くにある紫色の馬車。これは映画で、ベルがモーリスの身
代わりとなって野獣に捕われ、モーリスが村へ帰らされるときに使われた、奇妙な動
きをする馬車。ここでは動くことはありませんが、しっかりその形や動きを復習して
おくといいかもしれませんね。

・映画では一瞬しか登場しない看板

新ファンタジーランドでは建物の前や上部に、さまざまな看板が並び、町の雰囲気を味わうことができます。そんななか驚きなのが、映画では一瞬しか登場していない看板でもしっかりつくり込まれており、その再現度が非常に高いことです。

もちろんディズニーリゾートはそうした事前の知識がなくても、誰でもいつでも楽しめるようにつくられています。しかし、**こうした映画とのつながりを知っておくと、その感動や感激はさらに大きなものになるといえるでしょう**。

D
memo

「美女と野獣 "魔法のものがたり"」では、ベルと野獣がテラスに出て愛を語り合うシーンが再現されています。中央の上に流れ星が流れますが、この流れ星は映画にも登場しています。2人がドレスアップして、ダンスをしてテラスに出たとき左端に一瞬だけ流れます。

point 45

実はお得なおひとりさまお泊まりディズニー

ここまで「ひとりディズニー」の魅力を少しでも感じていただけたかもしれませんが、さらにここでおすすめしたいのが、「おひとりさまお泊まりディズニー」。

ひとりで泊まりでとなると、かなりハードルが高いと感じるかもしれません。しかし、もちろん、「おひとりさまお泊まりディズニー」のメリットもたくさんあります。

一般的には、家族や仲間、恋人と行くときは全員の意見を聞きつつ、やはりそれなりのホテルなどに泊まってそれなりに食事やホテルも楽しみたいものですよね。しかしそれなりの場所に泊まれば費用もかかります。

しかし、ひとりディズニーなら気兼ねなく、予算や目的に応じて、自分の好きなところに泊まることができます。もちろん豪華なホテルでひとり贅沢に……もいいですね。

逆におひとりさまだからこそ、安いビジネスホテルや、カプセルホテルなど、「最小単位の人数で料金も非常に安く抑える」ことができます。

特にディズニーリゾート周辺は、**ＪＲ舞浜駅近くはディズニーホテルやオフィシャルホテルが多いですが、少し離れれば、コンサートやイベントホールが近いＪＲ海浜幕張駅周辺などに多くの宿泊施設があります。**

サラリーマン向けのビジネスホテルだけでなく、女性向けのカプセルホテルなども充実しており、駅を少しずらすだけで、かなり安く泊まれるところもたくさんあります。近年は、このような施設はプライベート重視の傾向にあり、これまでのビジネスホテルやカプセルホテルではなく、女性にもやさしい、明るく衛生的な宿泊施設も増えています。

また、ひとりで泊まるときは、もちろん2日間パークで遊んでも楽しいですが、**パークに行く前日にゆっ**

くりチェックインをして、JR舞浜駅近くにあるボン・ヴォヤージュで一足先にショッピングをするのもおすすめ。ここである程度ねらっていたグッズを買ってしまえば、翌日はパークで身軽に思う存分楽しむことができます。そのあと、イクスピアリのレストランで食事をして、イクスピアリ内にあるスーパーで晩酌セットを買ってホテルに戻れば、楽しいおひとりさまお泊まりディズニーのスタートです。

次のpoint 46で詳しくご紹介しますが、時間のある方はディズニーリゾートの外周をお散歩するのもおすすめです。楽しみすぎて、眠れなくならないようにご注意を……。

パークへ行く日は、買ったお土産はスーツケースなどに入れて、ホテルもしくはコインロッカーに預けましょう。パーク内のコインロッカーは割高なので、途中で預けられるところがあれば、そちらのほうがおすすめです。泊まるホテルがある駅や、帰り道によって、臨機応変に選んでくださいね。

一見、ちょっといろいろとハードルが高そうなおひとりさまお泊まりディズニー。しかし、前述したようにコンサートやイベントなど、多くの需要を見込んでたくさんの宿泊施設があります。

コンサートはＯＫなのに、ディズニーだとちょっと泊まりにくいというのは、あくまで「世間の単なる風潮」であることがよくわかります。そんな勝手な風潮に流されず、好きなことに好きなだけ時間を使える、おひとりさまお泊まりディズニー。もちろん、筆者も何度も経験していますし、絶対におすすめです。

D memo

「オフィシャルホテルは高くて無理！」と思う方も多いかもしれませんが、直前になって激安のプランが出ることもあり、交通費を考えると割安なことも。旅行サイトによってプランが異なるので、複数のサイトで比較しましょう。

point 46

ノーチケットで楽しむディズニーリゾート外周散歩

お泊まりで来たときの前日や翌日、特に遠方から来た場合などは時間の都合もあるので、パークに入ろうかどうしようか悩むこともあると思います。

そんなとき、**ちょっと意外な発想でひとりディズニーを楽しむ方法が、「ディズニーリゾートの外周散歩」**。もちろんお散歩目的でリゾートを訪れるのもおすすめです。

主に電車でパークに来られる方はリゾートの裏側（南側）部分を知ることはほとんどないと思います。しかし、このパークの裏側、特にオフィシャルホテル群のうしろ側の東京湾方向には、外からは見えないのですが、「海沿いに高台の遊歩道」が整備されているのです。

これは車で通っても見えないところ。ここからはパークのなかからほとんど見えない、果てしなく広がる東京湾の景色や、東京ゲートブリッジや富士山、そして天気がよければ、東京湾を横断する道路、アクアラインの海ほたるパーキングエリアなども見えます。

そしてオフィシャルホテルの「ヒルトン東京ベイ」の角あたりから、ディズニーシーの駐車場のエントランスがある、S．S．コロンビア号の裏あたりまで、ひたすらまっすぐ伸びる１・５㎞の遊歩道があります。

また、このいちばん角の部分には千葉県が管理する「海岸遊歩道ウッドデッキ」があります。ここにはベンチやウッドデッキがあり、夜には落ち着いたライトアップもされる、知る人ぞ知る、穴場の癒しスポットです。

近隣には駐車場やコンビニなどもありませんので、ここを知っている人しか来ることはなく、実はあまり教えたくない秘密のスポットです。

次のページに、そんなこの場所からリゾート外周を一周すると見える、ちょっと珍しい光景をまとめてみました。

右側は海、そして左側にはオフィシャルホテル群やディズニーシーの裏側など、パーク内からはけっして見ることのできない、文字通りパークの裏側を見ることができま

外周道路脇の遊歩道から見える光景

名称など	解説
オフィシャルホテル群裏側	ヒルトン東京ベイ、ホテルオークラ東京ベイ、シェラトン・グランデ・トーキョーベイ・ホテル
東京ディズニーリゾート・トイ・ストーリーホテル	2021年度にオープン予定の５番目のディズニーホテル。トイ・ストーリーカラーが目印。
東京湾アクアライン（海ほたるPA）	天気がよい日は肉眼でも確認可能。
東京ゲートブリッジ	東京湾方向にひときわ目立つ、大きな橋。月ごとに変わるライトアップも見所。
プロメテウス火山の上部	実はパークの外からいちばん近くで火山が見える場所。
S.S.コロンビア号の南側	パークのなかからは絶対に見えない南側の姿。
タワー・オブ・テラーの真うしろ	こちらもパークのなかからは絶対に見えない、貴重な裏側の姿。

す。

風向きがよければ、ショーなどの音楽も聞こえますし、パークのなかに入らなくてもリゾートに来た気分が十分味わえる場所です。この周辺はジョギングやウォーキングをしている方もたくさんいるので、散策していても問題ありません。

ただ、周辺には駐車場がないので、車で来た方はイクスピアリの駐車場に停めて散策するのがおすすめです。または、スパ＆ホテル舞浜ユーラシアに車を停めてウォーキングしたあと、日帰り温泉でさっぱりしてから帰るということもできます。

また、そんなに長距離は歩きたくない……という方は、オフィシャルホテルのランチや食事を予約すれば、駐車料金もかからず気軽にお散歩も可能です。

また、ディズニー気分でお酒を飲みたい……。そんな日は、両パークにある「ピクニックエリア」がおすすめ。東京ディズニーランドホテルのコンビニエンスストアや、ホテルミラコスタのショップでアルコール（缶飲料）を購入し、ピクニックエリアで静かに1杯……ということも可能です。ピクニックエリアは、パーク営業時間のみ利用可能で、ホテルのロビーなどでは飲食禁止なのでご注意ください。

ご紹介したような、「インパークせずに楽しむディズニーリゾート」。そんな意外なリゾートの楽しみ方もいいかもしれませんね。

D memo

外周で見える景色としてご紹介した「海ほたるパーキングエリア」からは、望遠レンズなどが必要ですが、ディズニーリゾートを見ることができます。かなり距離はありますが、海側から見るS．S．コロンビア号は本当に海に浮かんでいるように見えます。

point 47

意外？パークの外で見られる隠れキャラ

先ほどご紹介した外周散歩以外にもパークに入らずしてパーク気分を味わう方法があります。それは、まさかの「パークの外」にいる隠れキャラクター探し。有名な隠れキャラとして人気の隠れミッキー以外にも、いろいろなキャラクターがいます。

また、この隠れキャラクターは決まった形で、「これが隠れキャラクター」と公式になっているものはほとんどなく、「そう見えるかな？」というように「ゲストの想像力」に任せている部分もあります。そんな**隠れたキャラクターは基本的にはパークのなかで私たちを楽しませてくれますが、ここでは「パークの外」にいるところをご紹介します**。

・ベイサイド・ステーションの「利用者からは見えにくい隠れミッキー」

ディズニーリゾートラインのオフィシャルホテルの最寄り駅、「ベイサイド・ステーション」。実はこの駅舎の建物のいちばん高い位置に、「ミッキーの形の穴」が空いているのです。ただ、これは車両が駅に到着してしまうと見えない位置。さらに1階部分にあるバス乗り場の上部の緑色の鉄骨部分にも穴の形がミッキーになっている部分が。利用者からは見えにくい位置なのがおもしろいですね。

・「レア度ナンバーワン」の隠れミッキーはパークの外

リゾート内には約200程度の隠れミッキー（筆者調べ）があると思われますが、そのなかでもいちばんその形がはっきりしていて、その再現度とレア度が高いと思われるものが「パークの外」に存在します。それはディズニーシーのピクニックエリアにあります。ホテルミラコスタ側の階段下の壁には非常に珍しい、目や鼻など、完全な顔の形で再現された隠れミッキーがあるのです。普段はほとんど人が来ない場所で、さらにパークの外という意外性。ぜひ探してみてください。

・駐車場を巡回するミッキーカラーのパトロールカー

両パークの駐車場には、各パークに1台ずつしかない、ミッキーカラーのパトロールカーがあります。ナンバーもそれぞれ「19-28」と「11-18」で、ミッキーマウス&ミニーマウスの誕生日（1928年11月18日）になっているという、非常にこだわったレアなパトロールカーです。ちなみに、パークの駐車場は「ダイハツ工業株式会社」がスポンサーになっており、駐車場でのバッテリー上がりやパンクなどのトラブルについて、パークのキャストではなくダイハツの社員が対応してくれることも。オリジナルコスチュームで駐車場を見守ってくれているのですが、見かけることはかなりレア。パークの外ですが、もし見かけたらこちらもラッキーですね。

D memo

ホテルミラコスタ1階のパークへのゲート手前にある「絵」にもキャラクターたちの姿が。隠れミッキーはもちろん、プルートやジーニー、ジャスミン、アリエルにアースラ……と実はたくさんのキャラクターが描かれています。

point 48

体験したらラッキーな激レアケースとは？

パークを訪れる幅広いゲストに対し、平等にその楽しみを与えてくれるディズニーリゾート。パークにある多くのこだわりは、誰にでも同じように楽しさを提供してくれます。

ただ、そうしたこだわりも**「知っている人」と「知らない人」ではその体験価値がまったく違ってきます**。

ここでは「珍しいレアケース」についてご紹介していきたいと思います。なかなか見つけようと思っても見つからない、経験したくても自分の意志ではどうしようもないものですが、見つけたときの喜びはかなり大きいものになります。

アトラクション名	表示	解説
スプラッシュ・マウンテン	Oops… I missed the shot. ごめんね…… 撮りそこなっちゃった	この撮影はホタルの「フィニアス・ファイアーフライ（通称シャッターバグ）」が担当しているという物語。そのため、彼が申し訳なさそうな顔をしています。
タワー・オブ・テラー	OUR APOLOGIES. We were unable to take your photograph. 申し訳ございません。 撮影することができませんでした。	モニターの背景にはツアーを企画している「ニューヨーク市保存協会」のマークが。同協会が正式に謝る形になっている。
インディ・ジョーンズ®・アドベンチャー：クリスタルスカルの魔宮	SORRY, AMIGOS, NO PHOTO! ごめんね、アミーゴ、 撮りそこなっちゃった！	インディ・ジョーンズ博士の助手、パコが博士に無断で勝手に企画したツアーのため、軽いノリで謝っている。

・ライドショットの失敗写真

　こちらはあまりうれしくないレアなケース。アトラクション乗車時の写真が購入できる、ライドショット対象のアトラクション、「スプラッシュ・マウンテン」と「タワー・オブ・テラー」「インディ・ジョーンズ®・アドベンチャー：クリスタルスカルの魔宮」は乗り物を降りたあとにモニターでその画像を確認して写真を購入することができます。しかし、稀に撮影不可でその旨がモニターに表示されることがあります。

　撮影ができない具体的な理由は、正式には公開されていません。機械の故障などの場合もあると思いますが、たとえば危険な行為（立ち上がるなど）や、公序良俗に反するポーズなどをした場合だと想定されます。
実際にはあまり遭遇したくないレアケースですが、それぞれそのアトラクションの背景に合った画面になっているのにこだわりを感じますね。

・システム調整になったときのメッセージ

ファンタジーランドにある「ホーンテッドマンション」。こちらは「システム調整」でアトラクションが停止になったときにだけ、アトラクション入り口に出てくる看板があります。その看板には……

We're a little dead just now.
But please return later today when our spirits are up.
Thank you!
ただいま亡霊たちが留守にしています　還ってきたらご案内します

「帰って」ではなく、土に還るなどの「還って」を使うところもポイントです。こうしたところもその世界観を壊さない工夫にこだわりを感じますね。

・ときどき爆発する「モーリスのコテージ」

美女と野獣エリアにある、ベルの父で発明家のモーリスとベルの家。このコテージからは、映画のシーンと同じように、爆発音がするという演出があります。爆発するのはときどきなので、こちらも意外となかなか遭遇しないもの。

・プロメテウス火山噴火後のレアなアナウンス

ディズニーシーのシンボル、プロメテウス火山。ときどき噴火するその雄大な姿には思わず足を止めて見入ってしまいますよね。そんな火山の噴火ですが、ミステリアスアイランドでは噴火の前後に、レアなアナウンスが聞けることも。たとえば、噴火後に、「アテンション、アテンション、火山ガスの排出量を測定した結果、正常範囲内と判明。警戒の必要はありません。以上」というアナウンスが流れることがあります。ただ、いつも流れるわけではなく、何も流れないことや、他の音声になることもあります。これはかなり遭遇率が低いもの。聞けたらかなりラッキーですね。

・「タートル・トーク」にバズの人形が登場することがある

アメリカンウォーターフロントにある「タートル・トーク」。カメのクラッシュとの会話が楽しめるアトラクションです。こちらはある程度決まったパターンで進みますが、通常は「女性のビキニ」を持ってくるクラッシュが、稀にここで、「バズ・ライトイヤーのおもちゃ」を持ってくることがあります。これもかなりのレアケースです。

D memo

プロメテウス火山が大きく噴火したときに「炎の形がミッキー」になったり、噴火後の「煙が輪になる」ということも。必ず毎回なるわけではないので、噴火した際はカメラの準備をしておくといいかもしれませんね。

point 49

「その時間だけ」しか見られないもの

つくり込まれた建物や美しい背景などの他、さまざまなコンテンツで私たちを楽しませてくれるディズニーリゾート。季節に合わせたスペシャルイベントはもちろんその季節しか見られませんが、それ以外にも、**その時間や瞬間、1日のなかでそのタイミングでないとなかなか見られないというものもたくさんあります**。

そうしたものはパークのなかにたくさんありますが、必ずしも目立つようには配置されていない場合もあります。ここではそんな「意識していないとなかなか出会えないもの」をご紹介します。

・「恐ろしい魔女」の看板が「白雪姫」になっている時間がある

ファンタジーランドにある、「白雪姫と七人のこびと」。こちらは、そのタイトルから「子ども向けのやさしい乗り物」かと思いきや、怖い魔女が登場する、ダークライドといってもいいアトラクション。日本では「白雪姫と七人のこびと（Snow White's Adventures)」のアトラクション名ですが、アメリカのマジックキングダムでは過去に「白雪姫の恐ろしい冒険（Snow White's Scary Adventures)」となっていた通り、魔女が主役の怖いアトラクションです。

その注意喚起も含めて、入り口には恐ろしい魔女の絵とともに、「**怖い魔女が登場します　小さいお子様は　ご注意ください**」と書かれています。しかし、この魔女の絵の裏側には、かわいらしい白雪姫と一緒に遊ぶ動物たちの絵の下に、「**ただいま運営を見合わせております　のちほどお越しください**」と記されています。実はこれ、システム調整になった場合や、開園時間より少し遅れてアトラクションが運営開始する場合に裏返しになる看板。朝一でまだ施設がオープンしていないときなどにしか見ることができないのです。

・そこならではのメッセージが書かれたオープン前の看板

意外に知られていない施設のオープン前の看板。実は他にもあります。たとえば、「ウエスタンリバー鉄道」が開始する前の看板。10時に運営が開始される場合は「**始発は10：00です**」と書かれていますが、ちゃんと列車らしく、「始発」になっているのがおもしろいですね。また、ウエスタンランドにある「キャンプ・ウッドチャック・キッチン」では開店前の看板には「**腹ペコ鳥がキッチンに侵入！ただ今閉店中**」と書かれており、その下にオープン時間が書かれています。ちなみに同レストランは2016年11月にリニューアルされましたが、以前ここにあったレストラン、「ラッキーナゲット・カフェ」の頃には、「**ただ今 金塊採掘中につき閉店**」と書かれていました。ほぼ、誰も見ないようなオープン前の看板にまでそんなこだわりがあるのは驚きですね。

・朝いちばん、ひとりだけしか見ることができない積み木の形

マーメイドラグーンのなかにある、「スターフィッシュ・プレイペン」は、赤ちゃんや小さな子どもでも安心して遊べるキッズエリア。ここはスポンジ状の床になっており、海の生き物などの形をした、クッション素材の「やわらかい積み木」があります。実は、朝いちばんでは積み木が積んであるのですが、ここがオープンすると最初に利用するお子さんにその山が崩されます。実は「積み方」が毎回異なっており、最初に来た人しか見ることができない貴重なものなのです。

時期やタイミングによりますが、朝のオープン間もない時間は、まだ運営していないアトラクションやお店もあります。まだ閉まっている扉や誰もいない静かな入り口や待ち列など、**いつもとはちょっと違う場所に行ってみると、新たな発見があるかもしれませんね。**

D
memo

レアな瞬間は、ミステリアスアイランドからマーメイドラグーンに向かう途中にある「滝」でも見られます。よく晴れた日のお昼前後には上の岩の隙間から差し込んだ太陽の光で、この滝の前に「虹」が出ることがあります。条件は厳しいですが、見ることができたらいいことがありそうですね。

point 50

永遠に完成しないディズニーリゾート

常に変化し、進化し続ける、ディズニーリゾート。

「永遠に完成しない」というキーワードはディズニーに詳しくない方でもよく聞く言葉ですよね。この言葉にはもちろん新しいショーやアトラクション、エンターテイメントなどが絶え間なくつくられていくという意味もありますが、それ以外にも**ディズニーリゾートはいろいろと細かな進化をし続けているのです**。

そうはいってもなかなかそうした部分には気がつかないもの。もちろん気がつかなくても十分楽しめるものですが、見えないところや目立たないところに、**少しずつ進化していくパークの姿をゆっくりじっくり観察できるのもおひとりさまの魅力**といえるかもしれません。

目立った変化ではありませんが、ゲストの立場にとってありがたい「安全面での変化」。たとえばアトラクションの段差がなくなったり、コースター系の乗り場にゲートが設置されたりとさまざまです。見た目ではほとんどわからないことも多いですが、細かく変わっていくところが比較的多くあります。

たとえば改修のためにクローズしていたアトラクションは、それが終わったあと、どこかが変わっていることが多くあります。たとえば左記のような変化が見られます。

・キャッスルカルーセルの白馬のまわる台座部分の段差がなくなった
・蒸気船マークトウェイン号の柵が高くなった
・ワールプール（カップタイプ）のまわりが高くなった
・スプラッシュ・マウンテンの施設内が明るくなった

また、こうした安全性のための配慮だけではなく、たとえばディズニーシーのポートディスカバリーでは、「ストームライダー」が２０１６年５月に運営終了となったことで、物語に変化が生じました。そのため、ほとんどの方が気づいていないと思いますが、このエリアの「街灯の形」が変わったのです。

なぜ、アトラクションが変わっただけで街灯まで変える必要があるのか？　とお思いかもしれませんが、ポートディスカバリーは海の上にある海上都市。「土」がなく、「植物が基本的に育たない」という物語があります。

そのため「ストームライダー」があったときには外観に合わせて「ヤシの木」を再現したようなベンチと一緒に街灯が立っていました。この街灯のデザインもアトラクションが「ニモ＆フレンズ・シーライダー」に変わると同時に、デザインがすべて一新されました。

正直いって、こうしたところは誰も気がつかないような部分で、そのままでもまったく問題ないと思ってしまうような場所。しかしそうした世界観を大切にするディズニーでは、街灯さえも物語に合わせて変えてしまうこだわりがあるのですね。そんなパークの細かな変化や進化もぜひ感じ取ってみてください。

D
memo

常に何かが変わっていくディズニーリゾート。「何かが変わった気がするけどそれが何なのかわからない」ということもあると思います。そんな変化に気がつけるのも時間と気持ちの余裕があるおひとりさまならでは。常に完成しないパークと一緒に歩む感覚を感じられるかも？

おわりに

個性的なアトラクションや賑やかなショーだけではなく、深い物語や細かなこだわりでも私たちを楽しませてくれるディズニーリゾート。1日ではまわり切れない、広大な敷地のなかに数多くの魅力が広がります。

さらにディズニーリゾートのさまざまな施設やエンターテイメントは常に「変化」と「進化」を続けながら、私たちに楽しみや癒しの時間を提供してくれています。そんな常に変わり続けるディズニーは、何度通っても飽きることはありません。

最近では、世間一般的には新型コロナウイルスの影響もあり、大勢で賑やかに楽しむという形から、複数ではなく、「おひとりさま」でいろいろなことを楽しむ、新しい生活様式が根づいてきたともいえます。

そんななか、おひとりさまは「目の前にある自分の大好きなコンテンツ」をじっくり、ゆっくりと、隅から隅まで好きなだけ、好きなように味わうことができる、最高な環境なのです。

ディズニーリゾートでの楽しみ方は十人十色、人それぞれ。誰かに強制されてやるものではなく、純粋に自分の好きな時間を過ごし、食べたいものを食べ、行きたいところに行き、「予算」を「時間」を、そしていちばん大切な「気持ち」を自分のために100%使うことができるのです。

そしてそうすることによって、ひとりディズニーを満喫することができたあとは、逆に家族や友達、恋人と行くディズニーが、また別の角度から楽しむことができ、楽しみ方の幅がこれまでより広がっていくのです。

そんなおひとりさまの楽しみ方をいろいろご紹介してきましたが、ここで大切なのは、最終的にその楽しみ方を決めるのは「あなた自身」であるということ。

もちろんいろいろと事前に調べたり、興味がありそうなものをリサーチしておくことは必要ですが、「何かの形」にはまる必要はなく、自分の思うまま、感じるままにパークを楽しむことがいちばんです。

最初はなかなか踏み出せなかったおひとりさま。しかし、一度行ってしまえば、悩んでいた自分は何だったのだろう？　と思うくらい、そこにはこれまで感じられなかった世界が広がっているかもしれません。

おおげさかもしれませんが、ひとりディズニーの魅力はそれほど大きくすばらしいものだと思います。

本書でご紹介してきたことはあくまで小さなきっかけのひとつに過ぎません。

これまで体験したことのない充実感と満足感、そんな魅力がたくさん詰まっているディズニーリゾートで素敵な時間を過ごしてください。

ぜひあなただけのディズニーリゾートの楽しみ方を見つけてみてくださいね。

みっこ

著者プロフィール
みっこ

16年間、東京ディズニーリゾートを楽しむDヲタ。

東京ディズニーリゾートについての裏技や雑学を紹介しているブログ「TDRな生活」で、合計約4500記事、約16年間更新し続けている。

アトラクションや、ショー・パレードの鑑賞よりも、パークの細かな雑学やウンチクが大好物。普段は普通の社会人。

「ウレぴあ総研　ディズニー特集」で150以上の記事を執筆するなど、WEBライターとしても活躍。その他、テレビ番組への情報提供や、雑誌・週刊誌のディズニー系情報の執筆や取材同行、攻略系ブログ「TDRハック」の執筆にも参加。


著書に『ディズニーに行く前に知っておくと得する66の知識』(文響社)、『ディズニーの待ち時間を劇的に減らす方法』『ディズニーがもっと楽しくなる魔法のトリビア』(KKベストセラーズ)など。

ブログ「ＴＤＲな生活」	http://blog.livedoor.jp/wininter001/
Twitter アカウント	@mikko_20100518
Instagram アカウント	@mikko_2015
YouTube	https://www.youtube.com/c/mikko-disney

<Special Thanks>
Twitter アカウント

ぴー＠隠れミッキー好き	@hiddenmickey_p
ともたん_X	@tomoki_alive
しずみろん	@mironronTV

◎参考・引用文献

【書籍】
『松下幸之助　叱られ問答』木野親之、致知出版社（1999年）
『海を超える想像力—東京ディズニーリゾート誕生の物語』
加賀見俊夫、講談社（2003年）

【ウェブサイト】
株式会社オリエンタルランド
http://www.olc.co.jp/ja/index.html

東京ディズニーリゾート
https://www.tokyodisneyresort.jp

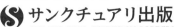

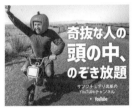

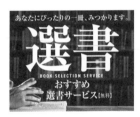

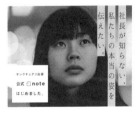

ひとりディズニー50の楽しみ方

2021年7月15日　初版発行

著者　みっこ

イラスト　日江井香
デザイン　井上新八
DTP　セールストリガー
営業　市川 聡（サンクチュアリ出版）
広報　岩田梨恵子（サンクチュアリ出版）
編集　奥野日奈子（サンクチュアリ出版）

発行者　鶴巻謙介
発行所　サンクチュアリ出版
〒113-0023　東京都文京区向丘2-14-9
TEL 03-5834-2507　FAX 03-5834-2508
http://www.sanctuarybooks.jp
info@sanctuarybooks.jp

印刷　株式会社 シナノ パブリッシング プレス